Dr. Jacek Drozak
Faszination Einkaufsverhandlungen –
Dein Guide zum Top-Level

Dr. Jacek Drozak

FASZINATION EINKAUFS-VERHANDLUNGEN

DEIN GUIDE ZUM TOP-LEVEL

1. Auflage 2024
Die Deutsche Nationalbibliothek verzeichnet diese Publikation in der Deutschen Nationalbibliografie; detaillierte bibliografische Daten sind im Internet über http://dnb.dnb.de abrufbar.

Dr. Jacek Drozak

Website: www.jacek-drozak.com

Lektorat: Erik Oberländer, Stefan Alexander Höflich, Raoul Hauptmeijer und Frieder Hennen
Korrektorat, Cover & Buchsatz: Tanja Giese, www.im-selbstverlag.de, in Kooperation mit www.misabookdesign.de
Coverfoto: Marlena Waldthausen
Zeichnungen: Christa Fajen

Druck, Publikation und Distribution erfolgen im Auftrag des Autors, zu erreichen unter: tredition GmbH, Abteilung »Impressumservice«, Heinz-Beusen-Stieg 5, 22926 Ahrensburg, Deutschland.
Softcover: ISBN 978-3-384-24381-2
Hardcover: ISBN 978-3-384-24382-9

INHALTSVERZEICHNIS

1

VORWORT

Die EBIT-Sicherung für das Unternehmen bleibt die Wurzel des Einkaufs und nach wie vor die Hauptaufgabe. Im Kern geht es dabei um die Senkung der Materialkosten, wofür Verhandlungen das zentrale Mittel sind. Diese auf Top-Niveau zu beherrschen, unter Berücksichtigung von Nachhaltigkeit, Resilienz und Digitalisierung, bedeutet, den Geschäftswert des Unternehmens zu maximieren und langfristige Erfolge zu sichern. Jeder Einkäufer[1] kann auch persönlich die erzielten Verhandlungserfolge genießen, wenn die entwickelte Strategie aufgeht.

Die Verhandlungen sind grundsätzlich eine hochkomplexe Mischung aus Gegensätzen, wie Kunst vs. Handwerk, Systematik vs. Individualität, Disziplin vs. Kreativität. Um anspruchsvolle Verhandlungen erfolgreich zu meistern, müssen alle diese Erfolgsfaktoren beherrscht werden. Auf dem Top-Niveau setzen Experten nicht nur einige von ihnen, sondern alle ein. Ist jemand sehr kreativ, bereitet sich jedoch unsystematisch auf die Verhandlungen vor, wird er die Chance verpassen, den maximalen Erfolg zu erzielen.

---

1 *Als Enthusiast der Gleichberechtigung mit viel Respekt vor anderen Geschlechtern verzichte ich aus pragmatischen Gründen auf die Verkomplizierung mit »:innen«.*

Bist du auf dem Top-Niveau? Lies den letzten Absatz in Ruhe noch einmal und beantworte die Frage für dich – ehrlich und selbstkritisch. Stellst du dabei fest, dass dir die Perfektion bestimmter Erfolgsfaktoren fehlt, dann kannst du beim Lesen dieses Buches auf praktische Hinweise achten und sie nutzen, um diese Lücken zu schließen.

»Faszination Einkaufsverhandlungen« ist ein praktischer Guide für den Einsatz bei Verhandlungen und deren Vorbereitungen für die Einkäufer, Einkaufs- und Teamleiter, Trainer und Coaches. Es ist aber auch ein Handbuch für besondere Anwender-Gruppen, z.B. für Vertriebsleute, welche die Hintergründe der Einkaufsverhandlungen besser verstehen wollen. Um den maximalen Wissenstransfer zu erreichen, habe ich die Struktur einfach gehalten und versucht, den Inhalt konkret und pragmatisch darzustellen.

Die Sprache in diesem Guide ist eher »durch Excel statt durch Word« geprägt. Sie ist eine Einkaufssprache, bei der ich mich für einen »Einkaufsdialekt« und dessen Wortschatz entscheiden musste. Somit steht das Wort »Materialgruppe« für die Warengruppe, »Commodity«[2] und »Category« sowie das »Einkaufsvolumen« für den Spend. Abschließend – die Sprache ist wahrscheinlich und ungewollt versehen mit komischen Polonismen, die ich nie loswerden kann.

Beim Schreiben dieses Buches dachte ich immer an die ehrgeizigen und jungen Einkäufer, die ständig nach Tipps und Beispielen suchen, um sie erfolgreich anzuwenden. Für sie werde ich auf ausgewählte Templates hinweisen, mit denen man diese erlangt oder erarbeitet.

Ich habe auch an die Verhandlungsprofis gedacht, denen ich begegnet bin. Es sind die Stars der großen Automotive OEMs, Naturtalente, die im Mittelstand die besten Verhandlungsergebnisse erzielen und erfahrene Verhandlungstrainer. Auch diese Personen möchte ich gewinnen, dieses Buch zu lesen, indem ich versucht habe, unterhaltsam zu schrei-

---

2 *Anglizismen werde ich nur dann verwenden, wenn sie in der »Einkaufssprache« als Standard gelten.*

ben, die Kapitel mit vielen Beispielen und Anekdoten versehen habe und proaktiv gefragt habe, in die Selbstreflexion zu intensivieren.

Ich möchte dich dafür sensibilisieren, dass Verhandlungen komplex sind und jede auf ihre Art individuell. Die Vorbereitung ist zwar der Schlüssel zum besten Ergebnis, jedoch keine Garantie. Jeder, auch diejenigen mit viel Erfahrung, muss in der Lage sein, auf die überraschend unerwarteten Geschehnisse immer zielorientiert zu reagieren. Auch wenn man Hunderte, Tausende Verhandlungen gemeistert hat, du musst immer auf die Situation vorbereitet sein, dass etwas passiert, was du noch nie erlebt hast.

Da das Einkaufsgebiet riesig ist, musste ich beim Schreiben dieses Buches immer wieder Grenzen setzen, um mich in der Weite oder den Details nicht zu verlieren oder Hunderte von den KPIs zu veröffentlichen, die sofort ihre Gültigkeit verlieren. Ähnlich sieht es bei den digitalen Tools aus. Nachdem das Buch erschienen ist, hat sich die Toollandschaft signifikant weiterentwickelt und an Gültigkeit verloren. Es tat mir weh, wenn ich auf die Vertiefung oder gar die Darstellung einiger Themen komplett verzichten musste.

Stattdessen habe ich den Tipps sowie Beispielen und Geschichten aus der Praxis mehr Platz gegeben, um dich zu unterhalten und mein Ziel zu erreichen, dass du das Buch komplett durchliest. Damit beides erreicht wird, lies, was Gandhi mit dem Flughafen Shanghai oder Leguan mit der Stahlschlacke zu tun hat oder wie man mit den Kartellen oder mit den Materialgruppen umgeht, die es gar nicht gibt.

Das Buch erhebt keinen Anspruch auf Vollständigkeit, denn wenn du über die Worte Kunst, Individualität und Kreativität nachdenkst, kommst du schnell darauf, dass es diese so sehr verlockende Vollständigkeit gar nicht gibt. Es kann sie gar nicht geben. Denn die Verhandlungskonzepte, -trainings, Trainer und Coaches helfen nur, mit systematischer Vorbereitung die Basis zu bilden. Ob es am Ende einen Erfolg gibt, das hängt von deiner Erfahrung, der Kreativität, dem Mut und deiner sozialen Intelligenz sowie der Integrität und der Fähigkeit ab, ein Teamspirit so zu entwickeln, dass alle in der Verhandlung über sich hinauswachsen können.

Wem widme ich dieses Buch? Den Kunden natürlich. Insbesondere den CPOs und den Einkaufsleitern. Ohne sie, ihre ständige Inspiration, Herausforderung und Kritik wäre ich nicht in der Lage, dieses Buch zu schreiben. Den CPOs, die mir ein kurzes persönliches Statement zu unseren gemeinsamen Aktivitäten geschrieben haben, die ich im letzten Kapitel veröffentliche, danke ich für das besondere Vertrauen.

Ich möchte in diesem Buch mein Wissen, das ich in den letzten 25 Jahren von Drozak Consulting als Verhandler, Trainer, Coach und Auditor gewonnen habe, mit jedem teilen. Deshalb gebührt mein Dank allen DC-Beratern, mit deren Können, Motivation und Enthusiasmus wir gemeinsam eine großartige Verhandlungskultur entwickelt haben.

Für das Lektorat danke ich dem durch Erik Oberländer geführten »literarischen Quartett« mit Stefan Alexander Höflich, Raoul Hauptmeijer und Frieder Hennen. Meiner Frau Ania Drozak, unserer Tochter Lena Steinhilber und Tanja Giese von »*im SELBSTverlag*« danke ich für die großartige Unterstützung und die Übernahme des gesamten Veröffentlichungsprozesses. Christa Fajen danke ich für die zeichnerische Umsetzung meiner karikaturistischen Ideen. Jedes Mal, wenn ich sie mir anschaue, muss ich schmunzeln. Ich hoffe, sie gefallen dir auch.

Du kannst mir gern deine Meinung direkt über LinkedIn oder über die Buch-Homepage (www.jacek-drozak.com) schreiben. Ich möchte daraus lernen und meine Meinung mit dir teilen. Aus Respekt vor dem Leser werde ich natürlich jede Meldung beantworten.

Dr. Jacek Drozak

2

VERHANDLUNGSARTEN UND -FORMATE

———

Wir unterscheiden zwischen **Verhandlungen** und **Vergaben** und definieren den Unterschied wie folgt: Bei den Vergaben gibt es keinen direkten Kontakt zu den Lieferanten, sondern die definierten Spielregeln bestimmen den Ablauf. So kann z. B. der Einsatz der Spieltheorie unter Nutzung der Marktkräfte die maximale Wettbewerbssituation entwickeln. Das wird in dem Abschnitt »Deep dive ›Einsatz der Spieltheorie‹« beschrieben. Bei den Verhandlungen hingegen gibt es eine direkte und indirekte Interaktion mit dem Lieferanten. Direkt ist z. B. eine Face-to-face-Verhandlung, indirekt z. B. eine Verhandlung per E-Mail.

Zu den Verhandlungen zählen bilaterale Verhandlungen, Parallelverhandlungen und Verhandlungen während der Lieferanten-Events. Alle drei Varianten können vor Ort oder virtuell stattfinden. Eine Mischung als Hybridverhandlungen ist möglich. Ich werde mich in diesem Kapitel auf die Verhandlungsarten und -formate konzentrieren, bei denen es eine Interaktion mit dem Lieferanten gibt.

Was ist der Unterschied zwischen der Verhandlungsart und dem Verhandlungsformat? Am besten erklärt es ein konkretes Beispiel: Das

Event ist eine Verhandlungsart und der Lieferantentag ein Verhandlungsformat. D. h., die Verhandlungsart ist eine Kategorie der Verhandlungen und das Format eine konkrete Ausführungsform.

Was haben die vielen unterschiedlichen Verhandlungsarten und -formate grundsätzlich gemeinsam?

Zunächst gibt es ungeschriebene **Fairplay-Regeln**, deren Verletzung gravierende Negativfolgen für das Verhandlungsteam haben kann. Das Ertappen bei der Verletzung dieser Regeln kann zum Verlust der Glaubwürdigkeit führen und das Ergebnis der Verhandlungen in den nächsten Jahren schmälern. Es kann sich auch herumsprechen und in den anderen Materialgruppen sowie bei den anderen Lieferanten wirken. Hier einige Beispiele der Fairplay-Regeln:

1. Nicht bluffen bei den Verhandlungen.
2. Keine Fake-Bieter bei den Auktionen einsetzen.
3. Nichts versprechen, was nicht eingehalten werden kann.

Außerdem gibt es ungeschriebene **ethische Regeln**, die nicht verletzt werden sollen. Hier einige Beispiele:

1. Mit der Lautstärke und dem Vokabular die ethische Grenze nicht überschreiten.
2. Keine Anhaltspunkte für die Verletzung der Compliance-Regeln liefern.
3. Den Lieferanten keine unmoralischen Angebote machen (z. B. Geld).
4. Nie Lieferanten zu einem gemeinsamen Meeting mit anderen Lieferanten einladen, ohne dass sie es wissen und dem zugestimmt haben. Die Meetings mit den Lieferanten aus einer Materialgruppe sind kontraproduktiv, da die Lieferanten ihr Know-how nicht preisgeben, damit der Wettbewerber davon nicht profitieren kann.

BILATERALE VERHANDLUNGEN

Bilaterale Verhandlungen können sowohl »unter vier Augen« als auch als Treffen von zwei Personen auf beiden Seiten stattfinden.

Die Variante »unter vier Augen« tritt leider immer noch zu häufig auf. »Leider«, weil die Liste der Nachteile lang ist. Ich empfehle deshalb, immer ein crossfunktionales Verhandlungsteam zu bilden, damit man die Rollen, Taktiken etc. verteilen, unterschiedliche Blickwinkel nutzen und im Verhandlungsteam voneinander lernen kann. Es gibt dabei auch mehr Spielraum für die Kreativität, das Feld für die Definition der Maßnahmen ist breiter und der Lieferant tut sich schwer, eine strategisch dominante Position einzunehmen.

Bei einem geringen Einkaufsvolumen, bei dem eine Kapazitätsinvestition nicht sinnvoll ist, empfehle ich trotzdem, eine zusätzliche Person mit einem niedrigeren »Stundensatz« mitzunehmen. Diese Person hilft mit ihrem Erscheinen, den Lieferanten zu beeindrucken, Missverständnisse zu vermeiden und unmoralische Angebote auszuschließen. Sie kann auch operativ helfen, indem Sie die Verhandlung protokolliert. Es kann wegen der Erfahrungssammlung ein junger Einkäufer sein. Falls es aufgrund zu kleiner Größe der Einkaufsabteilung nicht möglich ist, dann kommt ein Trainee, Praktikant, Assistent oder Werkstudent als Begleitung infrage.

Bilaterale Verhandlungen können aber auch sehr wirksam werden, z. B. wenn ein Verhandlungsteam mehrere Lieferanten derselben Materialgruppe nacheinander verhandelt. Dieses Konzept nennen wir »**Materialgruppentag**«. Dies hat mehrere Vorteile, z. B.

- man verhandelt alle Lieferanten mit dem (= einen) kompetentesten Team – das lässt sich bei den Parallelverhandlungen vor Ort und den Lieferantentagen mit integrierten Verhandlungen meistens nicht realisieren,
- man beginnt mit dem einfachsten Lieferanten – das Team lernt dabei und ist bestens vorbereitet auf die schwierigsten Lieferanten am Ende des Tages,
- man beginnt mit dem fast aussichtlosen Lieferanten – gut als Dry run und Warm-up für weitere Verhandlungen,
- man nimmt ein Ergebnis zur Verhandlung mit dem nächsten Lieferanten mit und definiert es dort als gesetzt, z. B. 60 statt 30 Tage als Zahlungsfrist – am Ende des Tages versendet man die erreichten Maximalergebnisse an alle Lieferanten des Tages und bittet um Bestätigung.

Alle o.g. Erfolgsfaktoren können bei einem Materialgruppentag eingesetzt werden. Ich erinnere mich an einen Materialgruppentag »Radkappen« bei einem Hersteller der Drehgestelle aus Österreich. Am Ende des Tages ist man mit einer grenzenlosen Sicherheit in die Verhandlung mit dem Nr. 1-Lieferanten eingestiegen, obwohl man diesen Kontakt gefürchtet hat. In den vier Verhandlungen zuvor wurden technologische Rahmenbedingungen neu entwickelt und kaufmännische Rahmenbedingungen (z.B. Einsparungen und Zahlungsziele) neu definiert.

Eine bilaterale Verhandlung ist auch in einem anderen speziellen Fall sinnvoll, nämlich wenn sie in oder nach einem speziellen Workshop mit dem Lieferanten stattfindet. Methodische Basis dafür können unterschiedliche Themenbereiche sein: Design to Cost, Design to Excellence, gemeinsame Analyse der gesamten Lieferkette etc.

PARALLELVERHANDLUNGEN VOR ORT

Die komplexe Welt der Parallelverhandlungen teilt sich in Auktionen und Vor-Ort-Verhandlungen auf. Es gibt auch eine Kombination der beiden, z.B. wenn sich die Lieferanten mit einer Auktion für die abschließende Parallelverhandlung vor Ort qualifizieren müssen. Es geht auch umgekehrt, zuerst die Parallelverhandlung und dann eine Auktion, aber das kommt seltener vor. Außerdem gibt es eine Hybridvariante, sodass die Lieferanten in ihren Räumen vor Ort digital ihre Angebote abgeben.

Wie sieht der **Unterschied zwischen den Vor-Ort-Parallelverhandlungen und den Auktionen** aus?

Auktionen wirken nicht in jeder Materialgruppe und in jeder Situation. Aber wenn es möglich und sinnvoll ist, eine Auktion durchzuführen und das notwendige Know-how im Einkauf verfügbar ist, dann kann eine derart hohe Wettbewerbssituation erzeugt werden, dass sie nur selten von einer Vor-Ort-Parallelverhandlung übertroffen werden kann. Eine Übersicht über die gängigsten Auktionen findest du im folgenden Abschnitt »Virtuelle Verhandlungen«.

Werden elektronische Auktionen über Jahre hinweg eingesetzt, kann ein Wechsel auf eine Vor-Ort-Parallelverhandlung eine Ergebnissteigerung bedeuten. Ich erinnere mich an eine Diskussion im Energiebereich bei der Vergabe eines Elektrizitätswerkes in Nordafrika. Wir haben mit den Einkäufern aus unterschiedlichen Materialgruppen individuelle Verhandlungskonzepte entwickelt und sie dabei begeistern können. Dann kam die Materialgruppe »Container« – kein Schiffscontainer, sondern eine millionenschwere Investition für ein Teilsystem eines Elektrizitätswerkes. Die amerikanischen Einkäufer waren der Meinung, dass man ihnen nicht helfen könne, weil sie die größte Wettbewerbssituation mit einer digitalen Auktion erzeugen. Schnell stellte sich heraus, dass sie das Design seit drei Jahren nicht verändert haben. Aus unserer Sicht ein Fehler, denn die Lieferanten bereiten sich auf diese Situation gezielt vor. Wir hielten auch ein neues Design für nicht so wirksam wie ein Wechsel zu einer Parallelverhandlung vor Ort in diesem »eingefahrenen« Verhandlungsprozess. Die Lieferanten müssen ihre Zeit in die Anfahrt investieren und wissen nicht, was sie unter diesen Umständen erwartet. So war unser Kunde gleich in einer strategisch dominanten Situation und das Ergebnis besser als in den Jahren zuvor.

Die große Vielfalt der Auktionen kann durch die Parallelverhandlungen, die vor Ort stattfinden, sogar übertroffen werden. Es können alle Auktionsarten und alle Mechanism Designs (d. h. Vergabekonzepte) vor Ort simulierend durchgeführt werden.

Eine **Vor-Ort-Simulation** einer Auktion sieht so aus, dass man die Grundregeln im Vorfeld festlegt und die Lieferanten in den ihnen zugewiesenen Räumen entweder besucht oder von ihnen eine digitale Antwort erhält, während diese vor Ort anwesend sind. Eine simulierte Holländische Auktion würde z. B. so aussehen, dass man alle Lieferanten in ihren Räumen nacheinander besucht und das dann in der nächsten Runde mit einem höheren Preis wiederholt – usw., usw. – bis jemand »Ja« gesagt hat. Es können dabei auch kompliziertere Auktionen und Umfänge des Vergabeguts erfasst werden. So erinnere ich mich an die Transportvergabe in den USA für einen Aluminium-Produzenten mit der simulierten Japanischen Auktion. Im digitalen Format muss man jeden Preissprung bestätigen, um im Spiel zu bleiben. Vor Ort musste das jeder Lieferant bei jedem Besuch mit seinem Aufkleber tun. Er hat die anderen Aufkleber bei den jeweiligen Destinationen und Lines gesehen. Damit wurde eine extrem kompetitive Atmosphäre erzeugt und die Lieferanten haben mit kreativen Ideen versucht, die maximale Preisreduktion zu ermöglichen.

Andererseits kann vor Ort flexibler auf den (unerwarteten) Verlauf reagiert und der Ablauf einer Parallelverhandlung vor Ort verändert werden. Es können auch taktische Überraschungselemente – wie »ein neues Gesicht« oder eine Unterbrechung der Verhandlung – zielgerichtet eingesetzt werden. Zudem kommen noch psychologische Effekte, die – richtig eingesetzt – Wunder bewirken können.

So erinnere ich mich an eine Vor-Ort-Parallelverhandlung der Verpackungen bei einem Stecker-Produzenten in Ostwestfalen. Den Lieferanten wurden Parkplätze direkt vor den Fenstern des Gebäudes, in dem die Verhandlungen stattfinden sollten, reserviert. Vor dem Start der Verhandlungen gab es ein kurzes Grußwort des CFOs, der mächtig Druck aufgebaut hat. Das Verhandlungskonzept bestand aus mehreren Runden, die so konzipiert wurden, dass nach jeder von ihnen ein Lieferant verabschiedet wurde, bis am Ende zwei übriggeblieben sind und der bessere von ihnen 80% des Volumens erhalten hat. Als die einzelnen Lieferanten das Gebäude verlassen haben, wurden sie durch die anderen Lieferanten gesehen und es gab immer weniger Autos ...

Das Beispiel zeigt, dass die Parallelverhandlungen **in einer oder mehreren Sessions** stattfinden können. Dies kann manchmal lange dauern (1 – 3 Tage), jedoch dabei eine Voraussetzung sein, um ein optimales Ergebnis zu erreichen. Hier zwei Beispiele:

- Vergabe des Jahresbedarfs an Betonschwellen einer nordamerikanischen Bahn: Es gab mehrere Lieferanten und es sollte am Ende mit 3–4 zusammenarbeitet werden, die regional optimal verteilt sind, um die Transportkosten gering zu halten. Wir haben den Tag in sechs einstündige Sessions geteilt, alle Lieferanten telefonisch eingebunden und ihnen jedes Mal die aktuelle Rangliste für jede der 28 Regionen mitgeteilt. So haben sie eine Stunde lang gerechnet und uns neue regionale Preisvorschläge mitgeteilt. Dann haben wir innerhalb der einstündigen Verhandlungspause mit einer aufwendigen Auswertung unter Berücksichtigung unterschiedlicher Preise für verschiedene Regionen den aktuellen Stand für unterschiedliche Konstellationen mit einem Programm berechnet. Das wurde den Lieferanten zu Beginn der nächsten Session als Ausgangspunkt für die nächste Optimierung mitgeteilt. Es war also ein Moving Target, das notwendig war, denn die neuen Angebote haben die Rangliste ständig verändert und wir mussten kombinatorisch die besten geographischen Konstellationen ermitteln – unter der Voraussetzung, dass das gesamte Gebiet mit den Lieferungen gedeckt wird.

- Vergabe des weltweiten Jahresbedarfs an Temporary Labour eines europäischen Technologiekonzerns. Wir haben elf Länder und damit 90 % des weltweiten Bedarfs erfasst und pro Land drei bis fünf der Großanbieter eingeladen und mit ihnen parallel telefonisch verhandelt. Die Großanbieter waren meistens dieselben. Wir haben aber aufgepasst, dass jedes Mal ein regionaler Challenger dabei war. Interessanterweise gewann in einem skandinavischen Land ein Start-up, das von Studenten gegründet wurde und unschlagbare Preise angeboten hat, da sie mit minimalem Overhead gearbeitet haben. Die Verhandlung jedes der elf Länder dauerte eine Stunde. Dazwischen gab es eine Stunde Pause, damit wir die Ergebnisse zusammenfassen und Lessons learned herleiten konnten.

VIRTUELLE VERHANDLUNGEN

Vor der Pandemie waren die virtuellen Verhandlungen meistens unbeliebt. Während der Pandemie lag ihr Anteil je nach Unternehmen bei bis zu 100 %. Danach ist er gesunken, jedoch meistens im Bereich von bis zu 50 % geblieben.

Was zeichnet die virtuellen Verhandlungen aus? Hier sind die wesentlichen Unterschiede:

- **Dauer**: Die virtuellen Verhandlungen dauern kürzer an als die klassischen Verhandlungen im Face-to-face-Format.
- **Technik**:
  - Die virtuellen Verhandlungen müssen so vorbereitet werden, dass die uneingeschränkte Top-Qualität der Internet-Verbindung gewährleistet wird.

- In kritischen Fällen prüfen wir im Vorfeld, wie die Verbindung funktioniert. Teste im Voraus die Audio- und Videoqualität sowie die Internetverbindung, um technische Probleme während der Verhandlung zu vermeiden. Bei evtl. Problemen bitte den Lieferanten, seinen Standort für die Verhandlung zu wechseln.
- **Dein Auftritt**:
  - Es wirkt glaubwürdiger, wenn du beim Sprechen stehst und nicht sitzt.
  - Die eigene Umgebung muss professionell vorbereitet werden. Die Details trainieren wir in kurzen Trainings. Hier einige wichtigste Empfehlungen: Die Kamera auf Augenhöhe, das Gesicht komplett sichtbar und ca. 60–80 % der Bildschirmhöhe, ausreichend Beleuchtung von vorne, falls du zu wenig Tageslicht hast, benutze Zusatzkamera. Beim privaten Traffic – Menschen und Tiere im Hintergrund – am besten einen virtuellen Hintergrund einblenden.
- **Kommunikation**:
  - Im Vorfeld: klare Anweisungen bezüglich des Ablaufs der Verhandlung und der Nutzung der virtuellen Plattform.
  - Klare und verständliche Sprache ist besonders wichtig, um Missverständnisse zu vermeiden.
  - Während der Verhandlung ist eine Parallelvernetzung mit dem eigenen Team wichtig, falls man sich getrennt einwählt. Dies geschieht nicht im gleichen »Kanal«, in dem die Verhandlung stattfindet, also über Chat, SMS oder Handy. Denn es ist schon mehrmals vorgekommen, dass die andere Seite ungewollt mitlesen konnte.
  - Ermutige den Lieferanten, sich proaktiv an der Diskussion zu beteiligen.
- **Ablauf**:
  - Unterbrechungen sind genauso hilfreich, müssen nur schneller beendet werden, da die Verhandlungen kürzer sind.
  - Nutzung der »Konserven«, z. B. einer aufgezeichneten CEO-Ansprache, haben eine minimale Wirkung. Schade um die Zeit. Lass lieber eine andere Führungskraft mit einem kurzen Live-Beitrag auftreten.

- »Joker« können viel einfacher eingesetzt werden. Bei den Vor-Ort-Lieferantentagen ist der Joker-Einsatz begrenzt, da der »Joker« (s. Abschnitt »Teamrollen« in Kapitel 3) meistens für längere Zeit, z. B. die Hälfte der Verhandlung eingesetzt wird. Bei den virtuellen Lieferantentagen kann ein »Joker« problemlos drei bis vier Verhandlungen »befruchten«.

- **Inhalte**:
  - Das für die Events wichtige Momentum hat eine geringere Ausprägung und muss mit den zusätzlichen Mitteln, z. B. bei der Eröffnung der Präsentation ausgebaut werden.
  - Visuelle Hilfsmittel wie Präsentationen, Diagramme oder Grafiken helfen dir dabei, deine Argumente zu unterstützen und komplexe Informationen verständlich zu vermitteln. Achte darauf, dass deine Präsentation gut lesbar und ansprechend gestaltet ist.

- **Zeitmanagement**:
  - Plane die Verhandlung sorgfältig und halte dich an den Zeitplan. Setze klare Zeitlimits für jeden Abschnitt der Verhandlung und sorge dafür, dass alle Punkte rechtzeitig besprochen werden. Vermeide es, dich in unwichtigen Details zu verlieren, und halte die Verhandlung fokussiert.
  - Behalte die Kontrolle über den Verhandlungsprozess und halte die Diskussion auf Kurs. Achte darauf, dass alle relevanten Themen angesprochen werden und alle Teilnehmer die Möglichkeit haben, ihre Meinung zu äußern. Sei flexibel und offen für neue Ideen und Lösungsansätze.

- **Das »Drumherum«**:
  - Trotz der virtuellen Umgebung ist es wichtig, persönliche Beziehungen aufzubauen und zu pflegen. Nimm dir beim Start und während der Verhandlung Zeit, Dich mit dem Lieferantenteam zu vernetzen und eine Vertrauensbasis aufzubauen. Zeige Respekt und Wertschätzung für seine Meinung und Standpunkte.
  - Schicke anschließend das Protokoll mit dem Ergebnis (Maßnahmen und Vereinbarungen) an den Lieferanten. Vereinbare einen Zeitpunkt für die Überprüfung getroffener Vereinbarungen.

AUKTIONEN

Bei den Verkaufs- oder Einkaufsaktionen werden unterschiedliche Bieter miteinander in ein Wettbewerbsverhältnis gebracht, um das Vergabegut zu gewinnen. Ich konzentriere mich logischerweise auf die Einkaufsauktionen und werde dabei auf Worte wie »reverse« und »elektronisch« verzichten, um das Lesen zu vereinfachen. Was bedeutet »reverse«? Normalerweise läuft z. B. die Holländische Auktion so ab, dass der Preis beim Verkauf der Tulpen in Amsterdam sinkt und derjenige, der sich als Erster meldet, den gesamten LKW voller Tulpen gewinnt. Bei einer Einkaufsverhandlung geht es umgekehrt – also »reverse« – darum, beim steigenden Preis demjenigen den Zuschlag zu erteilen, der sich als Erster meldet.

Grundsätzlich gibt es zwei Grundtypen der Auktionen, nämlich die offenen und verdeckten sowie die Erstpreis- und Zweitpreis-Auktionen. Die englische Bezeichnung der verdeckten Auktionen »sealed bid« ist historisch in der Abgabe der Angebote in versiegelten Briefumschlägen verwurzelt. Das beste Beispiel der Zweitpreisauktion ist die Englische Auktion, bei der der Gewinner bei dem Ausstieg des letzten Wettbewerbers gewinnt und diesen Preis vereinbart, obwohl er ggf. noch weiter geboten hätte.

Was ist wichtig vor dem Start einer Auktion?

- Genaue Beschreibung der **Rahmenbedingungen**, z. B.
    - Festlegung des prozessualen und zeitlichen Ablaufs, z. B. Gebots-, Preis-, Zuteilungsregeln inkl. evtl. Rücknamen und Änderungen der Angebote, ggf. Gebotssprünge oder Bietergebühren,
    - Festlegung des sogenannten Referenzpreises, der vor dem Risiko der Vergabe zu einem ungünstigen Preis schützt,
    - Kommunikation mit den Bietern, z. B. Position (Ranking) oder Ampel oder Abstand zum Besten.

- Prüfung der **Technik**:
  - Prüfung der Funktionsfähigkeit der Verbindung,
  - Dry run bzw. Simulation der kommenden Auktion,
  - Q&A-Session, Absprache der Dos & Don'ts.
- **Vorvertrag** abschließen:
  - Alle wichtigen Rahmenbedingungen präzise und unmissverständlich beschreiben,
  - Verbindlichkeit des Preis-Offerings u. a. notwendige Pflichten und Zusagen sicherstellen,
  - evtl. Hinterlegung der Sicherheiten definieren,
  - Vertrag durch Haus- oder externe Juristen prüfen lassen.

Da ich in diesem Buch in die Auktionstheorie nicht tiefer einsteigen kann, möchte ich mich nur auf die gängigsten konzentrieren:

1. **Holländische** Auktion: Im zuvor festgelegten preislichen und zeitlichen Abstand steigt der Preis. Der Erstentschlossene bekommt den Zuschlag. Sie ist ein typisches Beispiel einer Erstpreisauktion.
2. **Englische** Auktion: Dies ist die bekannteste Auktionsform. Der Sieger steht fest, nachdem der letzte Wettbewerber ausgeschieden ist, und es wird der letzte Preis des Ausgeschiedenen bezahlt.
3. **Japanische** Auktion: Ähnlich wie die Englische, nur mit dem Unterschied, dass die Bieter die jeweiligen Preissprünge bestätigen müssen.
4. **Brasilianische** Auktion: Sie hat eine gewisse Ähnlichkeit zur Holländischen, nur dass in diesem Fall das Budget im Vorfeld bestimmt wird und Menge sinkt. Der Bieter, der sich als Erster meldet, muss diese Menge zu dem zuvor definierten Preis liefern.
5. **Festpreis**-Auktion: Der Vergabepreis wird kommuniziert und der erste Bieter, der zugestimmt hat, bekommt den Zuschlag.

Was ist wichtig bei den Auktionen? Worauf solltest du achten? Hier einige **Tipps:**

1. **Vermeide komplexes Design**, das beeindruckt, aber verwirrt: Entwickle keine Auktionsdesigns mit unnötig komplizierten Regeln und Algorithmen, die schwer zu verstehen sind.

2. Führe **keine Auktion ohne Zusage** von crossfunktionalen Stakeholdern durch: Vermeide es, Auktionen durchzuführen, bei denen die beteiligten crossfunktionalen Stakeholder nicht einbezogen sind, was zu mangelndem Engagement und unklaren Ergebnissen führen kann.

3. **Nachbereitung** mit Lessons learned und Dokumentation: Plane eine detaillierte Nachbereitung der Auktion, um Erfahrungen und Erkenntnisse zu sammeln und in einer umfassenden Dokumentation festzuhalten.

4. Entwicklung von **TCO-Vergleichbarkeit**: Entwickle Methoden zur Analyse und Darstellung der Total Cost of Ownership (TCO), um Angebote verschiedener Lieferanten effektiv vergleichen zu können.

5. Es gibt in manchen Unternehmen hin und wieder eine **starke Ablehnung** der elektronischen Auktionen, die mit schlechten Erfahrungen, emotionalen Erlebnissen und den Niederlagen sowie der Art der Kommunikation zusammenhängt. Rede mit den Lieferanten, schaffe ein positives Klima, überzeuge sie, dass die Transparenz eine hohe Bedeutung hat und sie nicht aufgeben sollten, versprich ihnen ein zielführendes Briefing beim nächsten Mal und einen Dry run, damit sie sich wohlfühlen.

DEEP DIVE »EINSATZ DER SPIELTHEORIE«

Es gibt in diesem Buch zwei Deep dives: »Einsatz der Spieltheorie« und »Lieferantentage«, in denen ich — als Mehrwert für dich – in die Tiefe einsteige.

Die Spieltheorie wird bei den **Vergaben** und nicht bei den Face-to-face Verhandlungen eingesetzt. Ich widme ihr ein gesondertes Kapitel, weil sie wenig verbreitet und sehr anspruchsvoll ist, aber gleichzeitig über das größte Ergebnispotenzial verfügt.

Die Spieltheorie ist berühmt und berüchtigt. Sie wird wie der Koriander entweder geliebt oder gehasst. Diejenigen, die sie beherrschen, lieben sie. Diejenigen, die eine spieltheoretische Ausschreibung verloren haben, hassen sie häufig. Der Hass kann so weit gehen, dass die Lieferanten spieltheoretische Vergaben boykottieren. Das ist auf beiden Seiten nicht richtig. Die Spieltheorie muss so eingesetzt werden, dass die langjährige Beziehung zu einem Lieferanten, den man braucht, nicht leidet. Das blinde nur auf den Preis Setzen kann dazu führen, dass sich der Lieferant in der Zeit des Käufermarkts abwendet oder dann seine Preise aus Rache maßlos überzieht.

Wie vermeidet man das Risiko der Beeinträchtigung der Lieferbeziehung, wenn der Lieferant den Auftrag nicht erhalten hat? Z. B. durch eine transparente Kommunikation, eine ganzheitliche Berücksichtigung aller Einflussfaktoren und nicht nur des Preises, außerdem durch ein Lieferantentraining oder Dry run sowie eine Nachbesprechung mit der Analyse der Lessons learned und Dos & Don'ts. Das machen leider die Spieltheorie einsetzenden Einkäufer viel zu selten.

Der Einsatz der Spieltheorie darf im Einkauf keinen Blutrausch erzeugen. Verfällt ein Einkäufer diesem, dann schadet er nicht nur den wichtigen Lieferanten, sondern vor allem seinem Unternehmen.

Manche Spieltheoretiker glauben, dass der Einsatz der in ihren Grundzügen mathematisch geprägten Spieltheorie nichts mit **Psychologie** zu tun hat. Sie sind der Ansicht, dass deren Kraft beim Aufbau der maximalen Wettbewerbsintensität bei einer Vergabe in einer geschickten Nutzung der wirtschaftlichen Marktkräfte liegt. Das mit den Marktkräften stimmt. Dass es nichts mit Psychologie zu tun hat, stimmt natürlich nicht. Die Wahrheit ist, dass ein clever entwickeltes wirksames Mechanism Design, also ein Vergabekonzept, die inhaltlichen, methodischen und vor allem die menschlichen Schwächen der Lieferanten gnadenlos ausnutzt.

Manche, die nur ein bisschen Kontakt mit der Spieltheorie hatten, rühmen sich damit. Bei den meisten sind es jedoch einige Vorlesungsstunden an der Uni, von denen nicht viel übriggeblieben ist. Und umgekehrt verfügen manche über Spieltheorie-Chromosomen und wissen es nicht. Manche denken, sie benutzen die Spieltheorie, und irren sich.

Dazu ein Beispiel eines unqualifizierten Einsatzes, den ich bei der Vergabe über eine elektronische Auktion eines großen Konzernprojekts in der Schweiz erlebt habe: (1) Die Angebote wurden nicht vergleichbar gemacht. (2) Es wurde angekündigt, dass die Entscheidung in der nächsten Woche falle. (3) Und es war ein Fake, denn wir haben schnell erkannt, dass es eigene Kundenteilnehmer gegeben hat. Es war leicht zu erkennen, denn in acht Modulen standen wir bis zum Ende nur auf Platz drei oder vier – wohlwissend, dass wir nur einen ernstgemeinten Gegner hatten, der den Konzern von oben durchdrang (wir von unten) und mindestens doppelt so teuer war wie wir.

Für viele ist »Spieltheorie« ein magisches Wort. Wahrscheinlich liegt es an der Magie, dass manche fälschlicherweise von der »Spieletheorie« mit »e« sprechen. Der Name kommt vom Schachspiel. Wie bei diesem Spiel geht es darum, die Züge des anderen vorauszusehen. Die »anderen« sind beim Einsatz im Einkauf die Lieferanten.

Zahlreiche Spieltheoretiker wurden mit dem Nobelpreis ausgezeichnet. Zu den bekanntesten zählt John Nash, dessen Lebensgeschichte Ron Howard in »A Beautiful Mind« (2001, Oskar 2002) mit Russel Crowe in der Hauptrolle verfilmt hat. Auch Deutschland hat mit Reinhard Selten einen Nobelpreisträger.

Wenn der Einkauf eines Unternehmens die Spieltheorie einsetzt, dann ist das für uns ein Zeichen dafür, dass der Einkauf auf dem höchsten Niveau angekommen ist. Die **Königsklasse** der Verhandlungen.

Es gibt nicht viele ausgebildete Spieltheoretiker, die ein Gefühl für die Industrie haben und sich nicht der spieltheoretischen Kunst autistisch ergeben. Die guten Spieltheoretiker sind Raritäten auf dem Markt. Die besten von ihnen sind Genies. Wenn man länger in der Einkaufscommunity als Berater tätig ist, weiß man, wer wo aktiv ist. Für den Verkäufer ist dieses Wissen von großem Nutzen. Dies ist auch an dem Einsatz einzelner Elemente erkennbar – z. B. an der Lieferantenbewertungsmatrix, den im Vorfeld festgelegten Spielregeln, einer Auktionsreihe etc. In diesem Fall müssen besondere Vorkehrungen getroffen werden. Wir bilden Vertriebsleute auf diesem Gebiet aus.

Wann und wo wird die Spieltheorie eingesetzt?

Es geht beim Einsatz der Spieltheorie darum, das Verhalten der Lieferanten vorauszusehen und zu beeinflussen, damit die maximale Wettbewerbssituation aufgebaut wird. Falls die notwendigen Voraussetzungen eingehalten werden, erreichst du mit der Spieltheorie Ergebnisse, die mit anderen Methoden nicht zu erreichen sind. Der CPO von einem Truck-OEM mit Hauptsitz in Deutschland verglich die Methode bei einer großen Einkäuferkonferenz mit dem »schärfsten Schwert des Einkaufs«.

Welche **Voraussetzungen** sind mit dem Einsatz der Spieltheorie verbunden? (1) Es muss mehr als einen Bieter geben. (2) Das Vergabegut muss attraktiv sein. (3) Die Vergabe mit dem Commitment stattfinden. Gibt es also nur einen Bieter oder die Lieferanten sind nicht »scharf« auf das Vergabegut, sollte man auf den Einsatz der Spieltheorie verzichten und anders vorgehen. Im Laufe dieses Buchs werde ich dir hierfür besser geeignete Alternativen vorstellen.

Das häufig bei (3) benutzte Wort »Commitment« ist etwas irreführend, denn es geht nur darum, unmittelbar nach dem Ende der Vergabe (z. B. der Auktion) oder zeitnah (z. B. am Abend) zu entscheiden. Sind die Voraussetzungen (1) und (2) nicht erfüllt, macht es keinen Sinn, die Spieltheorie einzusetzen. Bei (3) wird hingegen »nur« das optimale Ergebnis nicht erreicht.

Der Lieferant, der das beste Angebot – gemessen an der individuellen Bewertung – abgegeben hat, sollte gewinnen. Eine Verzögerung der Entscheidung birgt das Risiko, dass es intern »zerdiskutiert« wird. D.h., dass man einem beim Vorstand beliebten Lieferanten oder dem Favoriten von R&D den Auftrag trotz wirtschaftlicherer Optionen erteilt. Um das zu vermeiden, werden die Vergabebedingungen im Vorfeld beschrieben, intern eine Einigung erzielt und mit den Lieferanten die Details im Vorvertrag festgehalten.

Sind die drei o.g. Voraussetzungen erfüllt, so kann die Spieltheorie theoretisch in **allen Materialgruppen** des direkten, indirekten Materials und bei den Investitionen eingesetzt werden.

Praktisch gesehen, setzt man sie bei kleinem Einkaufsvolumen oder dort, wo die Wertschöpfung minimal ist, nicht ein. Umgekehrt gesehen, ist das Feld umso geeigneter für den Einsatz der Spieltheorie, je größer das Vergabegut und der Wertschöpfungsanteil entlang der gesamten Lieferkette ist. Die Spieltheoretiker versuchen häufig, die Vergabe auf mehrere Jahre auszudehnen, um das Vergabevolumen zu erhöhen und damit attraktiver zu machen.

Im direkten Materialbereich reduzieren außer den o.g. Faktoren der Index-Bezug, die Börsennotierung und der hohe Rohstoffanteil die Eignung. Im Indirekten Material und bei den Investitionen ist beinahe jede Materialgruppe prädestiniert für den Einsatz der Spieltheorie.

Man sollte nicht versuchen, die Einkäufer zum Einsatz der Spieltheorie zu zwingen. So hat der Vorstand eines Konzerns die Anzahl der durchgeführten Auktionen als eine Kennzahl für die Bewertung der Einkäufer eingeführt. Derjenige mit der höchsten Anzahl der Auktionen sollte von ihm persönlich einen Preis erhalten. Der Sieger hat 180 Auktionen durchgeführt. Was niemand wusste, war der Weg des Siegers dorthin. Er hat u.a. das Vergabevolumen gedrittelt, um drei Auktionen anzumelden.

Wie wird die Spieltheorie eingesetzt?

Zunächst erfolgt die **Lieferantenauswahl**. Dabei achtet man darauf, möglichst viele Lieferanten zu berücksichtigen. Beliebt sind die neuen Lieferanten, die Challenger, die bisher noch nicht so weit waren bzw. durch R&D nicht freigegeben wurden.

Darüber spricht niemand, aber das große Geheimnis des Einsatzes der Spieltheorie liegt darin, dass man die Kraft der dynamischen Vorbereitung, in der man einen besonderen Spirit entwickelt, dazu nutzt, die strategischen Maßnahmen zu entwickeln, die neue Perspektiven eröffnen. Dazu gehört die Freigabe der neuen Lieferanten, die Zustimmung zur bisher umstrittenen Materialsubstitution, die Reduzierung der Lieferantenanzahl, Outsourcing etc.

Die ausgewählten Lieferanten werden systematisch in einer Matrix, in der viele Einflussfaktoren erfasst sind, **bewertet**. Hier steht eine Besonderheit des Einsatzes der Spieltheorie im Vordergrund, nämlich die Eindimensionalität. Alles muss auf die Währung, z. B. auf den Euro, umgerechnet werden. Die intensivsten Diskussionen betreffen die Bewertung der Risiken. Unsere Kunden tun sich an dieser Stelle schwer, weil es nicht einfach ist, bestimmte Risiken zu bewerten.

In den meisten Fällen wird dann das Vergabegut **ausgeschrieben**. Das ist eine tolle Angelegenheit, bestimmte Standards zu implementieren, z. B. die neuen Zahlungsziele. Wenn ein Lieferant einen Vorvertrag für die Teilnahme an einer spieltheoretischen Vergabe erhält, muss er z. B. akzeptieren, dass nun 60 und nicht mehr 30 Tage Zahlungsziel sind und dass es nur einen Zahlungslauf pro Monat gibt.

Die Bewertungsunterschiede entscheiden über den Umgang mit den **Angeboten** der Lieferanten, nachdem die Vergleichbarkeit sichergestellt wurde. Hat z. B. ein Lieferant, dessen Zuverlässigkeit hoch und die Risiken bei der Belieferung niedrig sind, eine hohe Bewertung, bekommt er beim gleichen Preis wie ein neuer Lieferant den Zuschlag. D. h., der neue Lieferant, der mit höheren Risiken verbunden ist, muss zu einem niedrigeren Preis anbieten, um zu gewinnen.

Nun das Herz des Einsatzes der Spieltheorie: die Entwicklung des Vergabekonzepts, auf Englisch das **Mechanism Design**. Beim Einsatz der Spieltheorie werden die Spielregeln, die eine maximale Wettbewerbssituation erzeugen, im Vorfeld festgelegt und später nicht mehr geändert. Das bedeutet, dass das Ergebnis fast zu 100 % im Vorfeld entschieden wird, denn man verändert die Spielregeln nicht und erwartet von den Lieferanten, dass sie vollständig akzeptiert und eingehalten werden.

Die Vergabe kann in einem oder in mehreren Schritten erfolgen. Die Auktionen sind kein Muss, werden jedoch aufgrund der Affinität zum Einsatz der Spieltheorie am häufigsten eingesetzt. An zweiter Stelle kommen die Parallelverhandlungen und dann die hybriden Kombinationen der beiden. Übrigens: Die Spieltheorie ist mit der Auktions- und der Entscheidungstheorie stark »verwachsen«.

Bei der Gestaltung von Vergabeverfahren in Auktionen gibt es verschiedene Ansätze, die auf die spezifische Marktsituation und die Eigenschaften der Lieferanten zugeschnitten sein sollten. Hier sind einige detaillierte Beschreibungen **einfacher und populärer Vergabedesigns**:

* Holländische Auktion **bei einem dominierenden Lieferanten**: Diese Methode wird eingesetzt, wenn ein Lieferant einen erheblichen Vorsprung gegenüber anderen hat. Bei einer holländischen Auktion wird der Preis schrittweise gesenkt, bis ein Lieferant das Angebot akzeptiert. Dies kann vorteilhaft sein, um den dominierenden Lieferanten zu einem wettbewerbsfähigeren Preis zu bewegen.
* Zunächst eine Englische und dann eine Holländische Auktion **bei vielen Lieferanten**: Wenn es viele potenzielle Lieferanten gibt, kann eine Englische Auktion durchgeführt werden, bei der die Lieferanten ihre Preise senken, um den Auftrag zu erhalten. Nach dieser Runde könnten die besten drei bis vier Lieferanten in eine Holländische Auktion übergehen, bei der der Preis schrittweise erhöht wird, bis nur noch der letzte Lieferant übrigbleibt. Dies fördert den Wettbewerb und kann zu niedrigeren Preisen führen.

- Strategie für **unattraktive Vergabegüter**: Wenn ein Teil des Vergabeguts weniger attraktiv ist, kann es sinnvoll sein, mit diesem zu beginnen und dann die Aufträge in der Reihenfolge der erreichten Plätze zu vergeben. Dies gibt den Lieferanten die Möglichkeit, sich zunächst auf weniger begehrte Güter zu konzentrieren, gefolgt von einem »Take it or leave it«-Angebot, was die Gesamtakzeptanz der Auktionsbedingungen erhöhen kann.
- Parallelauktionen bei **erwarteten Bündelungseffekten**: Wenn Bündelungseffekte erwartet werden, kann das Vergabegut in einzelne Pakete aufgeteilt und parallel ersteigert werden. Zusätzlich könnte ein Paket angeboten werden, das das gesamte Vergabegut umfasst. Dies ermöglicht es den Bietern, sowohl auf Einzelpakete als auch auf das Gesamtpaket zu bieten, wodurch die Flexibilität und potenzielle Kosteneffizienz gesteigert wird.

Die Einkäufer sollen nicht ein zuletzt in einer Materialgruppe erfolgreich eingesetztes Vergabedesign auf die andere Materialgruppe übertragen oder im nächsten Jahr unverändert wiederholen. Es ist jedes Mal aufs Neue zu prüfen, welches Mechanism Design das beste ist.

Wie kann man die Spieltheorie erlernen?

Die Spieltheorie kann nicht in einem Tagestraining, wie z. B. das Lieferantenmanagement, erlernt werden. Dafür ist die inhaltliche Tiefe des wissenschaftlichen Backgrounds viel zu komplex. Die zahlreichen Nobelpreise sind der beste Beweis dafür.

Also, wie kann man am besten in die Anwendung der Spieltheorie einsteigen? Theoretisch geht es autodidaktisch, aber es ist sehr schwierig. Der beste Einstieg eines Unternehmens in die Spieltheorie ist das **Learning by doing** mit folgenden erprobten Varianten:

- Coaching bei zwei bis drei Piloten durch einen Spieltheorie-Experten. Am besten kommt ein Pilot aus Bereich des direkten und einer aus dem des indirekten Materials.

- Aufbau eines Kompetenzzentrums, in dem Einkäufer eine Arbeitsgruppe bilden, die bei der Anwendung unterstützt wird und die Erfahrungen untereinander teilt.
- Teilnahme an einem akademischen Kurs, z. B in Form einer achtwöchigen Session, die wir unter der Leitung von Prof. Philipp Reiss, Leiter des Lehrstuhls für Industrieökonomik am KIT (Karlsruher Institut für Technologie), organisieren.

VERHANDLUNGSEVENTS

Als Verhandlungsevents werden hier nur solche Events betrachtet, bei denen verhandelt wird. D. h., Lieferantentage, zu denen bis zu Hunderten von Lieferanten eingeladen werden, um sich etwas über die neue Strategie anzuhören und bei denen auf dem Heimweg im Auto die Bundesliga das Hauptthema ist, sind hier ausgeklammert. Falls in solchen Fällen die Lieferanten aufgefordert wurden, etwas zu tun, ist deren Engagement meistens überschaubar, und nach einem solchen Event gibt es keine konkreten Ergebnisse. Ausgeklammert sind in diesem Kapitel die Lieferantenworkshops und -meetings, die andere Ziele – z. B. Innovation, Lieferperformance und Qualitätsoptimierung – verfolgen.

Hier stehen solche Events im Fokus, bei denen **Direktverhandlungen** stattfinden. Es geht also um »den Ringkampf mit dem direkten Körperkontakt«.

Der **Übergang von einer Vor-Ort-Parallelverhandlung zu einem Event mit integrierten Verhandlungen** ist fließend. Tendenziell enthalten die Events zwar mehr Redebeiträge und die Einbindung des Top-Managements ist stärker ausgeprägt, aber diese Elemente können auch bei einer gut vorbereiteten Parallelverhandlung vorhanden sein. Beide – Parallelverhandlungen und Events – können auch länger als einen Tag dauern, um unterschiedliche Sub-Materialgruppen, Länder oder Produktpakete sorgfältig zu verhandeln.

Ein erheblicher Unterschied ist die höhere Intensität des direkten Kontakts zwischen den Lieferanten bei den Events. Das muss strategisch geplant und während des Events konsequent umgesetzt werden. Der zweite Unterschied ist der Umfang, der bei den Events gigantisch sein kann. So gab es einen Lieferantentag in Shanghai bei einem Anlagenbauer für Kaltwalzwerke. 75 chinesische Lieferanten wurden in ein Hotel in Shanghai eingeladen. Chinesische Einkäufer lieben es, die Lieferantentage in großen Hotels durchzuführen. In einer Halle haben sich die Lieferanten in 20-minütigen Vorträgen vorgestellt und in einer benachbarten Halle ihre Produkte und das Informationsmaterial den Einkaufsteams aus fünf Ländern präsentiert. In den 15 separaten Räumen wurde gleichzeitig verhandelt.

DEEP DIVE »LIEFERANTENTAGE«

Lieferantentage mit integrierten Verhandlungen sind meine größte Faszination. In den 25 Jahren Drozak Consulting haben wir 1.250 solcher Projekte in 45 Ländern begleitet. Das Jahr mit der höchsten Anzahl war 2015 mit 185 Lieferantentagen in 35 Ländern. D.h., fast an jedem Arbeitstag wurde ein solches Projekt von uns betreut. Auch wenn unsere Wettbewerber versucht haben, die Methode zu kopieren, hat niemand unser Niveau erreicht. Unsere Projektleiter begleiteten bis zu 40–50 Lieferantentag-Projekten in 10–15 Ländern. Zudem sind wir die einzigen Experten für Lieferantentage mit Vorbereitung in der jeweiligen Muttersprache in China, den USA, Frankreich etc. in allen Branchen. Wir waren das »Original«.

Wenn man berücksichtigt, dass an der Spitze der Gaußschen Verteilung ein Event mit 20 Lieferanten mit einem Volumen von 30 Mio. € steht, sprechen wir von über ca. 25.000 Einzelverhandlungen mit einem Gesamteinkaufsvolumen von fast 37,5 Mrd. € in allen Industrien und allen Geschäftsarten.

Größe des Lieferantentags:

- Der kleinste Lieferantentag hatte ein verhandeltes Einkaufsvolumen von 200 k€, der größte 1,4 Mrd. €. Hier wurde an zwei Tagen mit 42 Stahlerzeugern und -händlern erfolgreich verhandelt.

- An dem kleinsten Lieferantentag nahmen sechs, an dem größten 100 Lieferanten teil.
  - Sechs Lieferanten sind zu wenig, weil in dem kleinen Kreis das Momentum nicht aufgebaut werden kann. Das ist aber wichtig, um die notwendige Atmosphäre für den Erhalt besserer Konditionen als bei der bilateralen Verhandlung zu erhalten. Nach vielen Lieferantentagen an diversen Standorten galt die Methode als Wundermittel und der Kunde wollte unbedingt auch die ausgewählten Speziallieferanten erfassen.
  - Unsere Unterstützung bei dem 100-Lieferanten-Event haben wir ursprünglich nicht angeboten, weil wir die Idee für nicht sinnvoll erachtet haben. Drei Wochen vor dem Event wurden wir jedoch »gewaltsam« geholt, um das kommende Event auf dem notwendigen Niveau steuerbar vorzubereiten. In dieser Notsituation haben wir nicht Nein sagen können. Also haben wir fünf Inseln mit ca. 20 Lieferanten gebildet und sie jeweils einem Berater mit der Er-

fahrung aus vielen Lieferantentag-Projekten zugeordnet. Der Gesamtprojektleiter hatte die Koordinationsaufgabe. Die Lieferanten haben ein professionelles Event erlebt. Wir waren mit dem Ergebnis nicht zufrieden, weil die Zeit für eine systematische Vorbereitung, die über das Ergebnis entscheidet, zu kurz war.

Apropos die **Zeit** – einen Lieferantentag dieser Art vorzubereiten, dauert sechs Wochen. Falls die Konzerne mehrere Lieferantentagprojekte als große Programmen gekauft haben, haben wir die Synergieeffekte genutzt und z. B. die Einkaufsleiter oder sogar Einkäufer der nächsten Events eingeladen, damit sie das Konzept erleben konnten. Teilweise haben sie mitverhandelt. In solchen Fällen konnte die Länge der Vorbereitung auf vier Wochen oder die notwendige Kapazität des Beraters / externen Projektleiters auf dreimal zwei bis drei Tage vor Ort reduziert werden.

Das war aber nur selten möglich, z. B. wenn ein Aluminiumproduzent ein Programm mit 106 oder ein Stahlproduzent mit 72 Lieferantentag-Projekten beauftragt hat. Beim ersten Mal innerhalb von zwölf Monaten, beim zweiten Mal innerhalb von 18 Monaten. Die einzelnen Lieferantentag-Projekte fokussieren sich dann auf die größten zentral geführten Materialgruppen und dezentral auf die größten Standorte, die wichtigsten Organisationseinheiten oder Produktgruppen. Übrigens gibt es auch ausnahmsweise Lieferantentag-Projekte, die aufgrund der hohen Komplexität, des großen Einkaufsvolumens und des größeren Vorbereitungsaufwands länger dauern.

Die Lieferantentage können auch **kombiniert** werden. Eines der vielen Beispiele: In einem Technologiekonzern hat der Vertrieb keine Freigabe für die Teilnahme an einer gigantischen Vergabe für den Aufbau von drei Kaltwalzwerken erhalten, weil die Herstellkosten über der Eintrittsbarriere lagen. So wurde entschieden, drei Lieferantentag-Projekte auf drei Kontinenten durchzuführen, um nachher mit den reduzierten Kosten an der Ausschreibung teilnehmen zu können. Es hat funktioniert. Danach folgten wieder drei Lieferantentag-Projekte, in denen auf der

Basis der konkreten Beauftragungsperspektive noch einmal verhandelt wurde. Mit diesen reduzierten Kosten nahm der Vertrieb an den finalen Verhandlungen teil und hat den riesigen Auftrag gewonnen.

Warum braucht man in solchen Situationen trotzdem externe Berater? Da das Vorgehen zu 100 % standardisiert ist, wurde einerseits die Methode in vielen Organisationseinheiten dieser Konzerne als Standard implementiert. Trotzdem gab es immer wieder neue Felder, z. B. die erste Umsetzung im Projekteinkauf, das erste Mal im Virtuellen, bei hinzugekauften Unternehmen, in besonders kritischen Situationen oder einfach, weil es noch keine effiziente Steuerungskompetenz in einer Organisationseinheit gibt.

Warum war und ist die Methode so beliebt?

1. **Erhebliche Einsparung:** In den Jahren mit den meisten Lieferantentagen lag das durchschnittliche Einspar-Ergebnis bei 6,5 % bis 7,3 % des verhandelten Einkaufsvolumens. Natürlich gab es branchenspezifische Unterschiede, z. B. geringere Resultate im Automobilbereich (z. B. 2,5 – 3,0 %) oder höhere im Anlagenbau (>10 %).
2. **Schnelle Wirkung:** Nach sechs Wochen Vorbereitung werden beim Lieferantentag die Commitments mit sofortiger Wirkung unterzeichnet. Es gibt aber auch gestaffelte Preisreduzierungen, z. B. 5 % jetzt und 3 % in sechs Monaten. In den zwölf Jahren vor der Wirtschaftskrise haben die Lieferanten immer zwei Wochen Zeit erhalten, um ihre Zugeständnisse aufzubessern. Während der Wirtschaftskrise war der Druck bzgl. der Liquidität so enorm, dass keiner unserer Kunden so lange warten wollte. Unsere Projektleiter haben das Vorgehen angepasst und die verbindlichen Zusagen beim Lieferantentag vor Ort gesichert. Bei diesen Zusagen stand immer der Realisierungsbeginn (Härtegrad 5, HG 5) ab dem nächsten Tag im Fokus. Zugegebenermaßen ist das nicht immer möglich. Übrigens entspricht die von mir benutzte Härtegrad-Systematik dem am weitesten in der Industrie verbreiteten Standard und wird im Detail in Kapitel 3 erläutert.

3. **Präzise Wirksamkeitsvoraussage**: Der Einsatz der Härtegrad-Systematik und der hohe Anteil der HG-5-Maßnahmen erlauben eine präzise Voraussage, wann welche Einsparungen wirksam werden.

4. **Hoher ROI**: Ein Lieferantentag-Projekt wird von einem Projektleiter betreut. Bei 6–7 % Einsparung und dem verhandelten Einkaufsvolumen von 20–35 Mio. € kann sich jeder ausrechnen, wie gigantisch der ROI (Projektkosten vs. Ergebnis) ist.

5. **Know-how-Transfer und Nachhaltigkeit**: In einigen konglomeratisch komplex aufgebauten Technologiekonzernen haben wir 100–200 Lieferantentag-Projekte über mehrere Jahre betreut. Die Schlagkraft der Methode führte dazu, dass der Ansatz zum Konzernstandard erklärt wurde und die gemeinsam genutzten Templates nach wie vor als Standard eingesetzt werden.

6. **Aufwertung der Positionierung des Einkaufs**: Die Signalwirkung nach außen ist klar, nach innen ist sie noch wertvoller. Die Einkäufer sind im Lead bei der Vorbereitung der crossfunktionalen Teams und setzen gemeinsam innovative Elemente einer modernen Verhandlungstechnik um.

7. **Zuverlässigkeit**: Das Vorgehen ist zu 100 % standardisiert und funktioniert immer. Innerhalb dieses maximalen Standardisierungsgrades gibt es im Vorgehen natürlich genügend Spielraum für die Erfassung der individuellen Situation aller Lieferanten.

Wie funktioniert die Methode? Das sind die wesentlichen Elemente:

Start des Programms

- **Setup**: Wie viele Lieferanten können eingeladen werden? Manchmal ist die notwendige Anzahl der Einkäufer zu gering, um 20 Lieferanten in zwei Sessions an dem Lieferantentag zu verhandeln. Dann finden die Verhandlungen in mehr als zwei Parallelsessions statt. Ein Kuriosum: Bei einem Unternehmen in Tschechien gab es bei 6 Mio. € Einkaufsvolumen nur einen Einkäufer. So haben wir den Logistikleiter (früher im Einkauf) und den CFO zu »Machern«

(s. Abschnitt »Teamrollen«) umfunktioniert und zwei mal drei Lieferanten am Vormittag und genauso viele am Nachmittag eingeladen. Die Vorträge der Vormittagsrunde fanden nach den Verhandlungen und der Nachmittagsrunde klassischerweise vor den Verhandlungen statt. Mit zwölf Lieferanten, durchschnittlich zweieinhalb Gästen und den crossfunktionalen Teams sowie dem Top-Management war die Halle mittags mit 50 Menschen gefüllt. Das war psychologisch wichtig, damit man das Momentum maximieren konnte.

- **Teambildung**: Es gibt unterschiedliche Varianten der Rollenaufteilung – siehe dazu Kapitel 3. In der Standardversion des Lieferantentags à la Drozak Consulting haben wir »Macher-Pusher-Unterstützer« (MPU) angewendet.

- Das kurze **Kick-off**, zu dem alle MPU-Teammitglieder eingeladen werden, geht in das erste Training zum Ablauf der Vorbereitung und der NPC-Verhandlungsmethode mit dem starken Fokus auf den Ablauf einer Einzelverhandlung über.

- Direkt danach werden **Save-the-Date-Briefe** versendet, in denen das Ziel erläutert wird und die gewünschten Gäste auf der Lieferantenseite konkret genannt sind. Beim Ziel ist zu entscheiden: »eins für alle« oder »je nach Materialgruppe und Lieferant«. Mit Erfahrung erkennt man, was sinnvoller ist – meistens der zuletzt genannte Ansatz. Wenn die gewünschten Gäste – die Entscheider – verhindert sind, darf deren Ersatz nicht akzeptiert werden. Falls es wirklich nicht geht, werden sie zu einem kleinen Lieferantentag 2 eingeladen oder individuell verhandelt und deren Platz durch nachrückende Unternehmen neu besetzt.

Setup für individuelle Lieferantenverhandlungen

- **Systematische Vorbereitung**: Zunächst werden alle relevanten und vorhandenen Informationen in dem Tool »Supplier Profile« zusammengefasst. Das Tool baut auf einer Struktur auf, welche die komplette Vorbereitungsbreite abdeckt. Außerdem ist es so konzipiert, dass alle Erfolgsfaktoren für eine Verhandlung enthalten sind. D. h.

nachdem jeder Einkäufer es ausgefüllt hat, ist die Grundlage für eine erfolgreiche Verhandlung geschaffen. Zu den Erfolgsfaktoren zählen: relevante Lieferantendaten (z. B. Umsatzanteil), Targets (MDO, Anker, LDO, BATNA), Vergleichsangebote, SWOT, Strategie, Argumente und Gegenargumente, Teamrollen und Taktiken, Choreografie und Psychologie, Drehbuch und Agenda.

- **Kreative Vorbereitung**: Zu den »Maßnahmen-Workshops« werden außer dem MPU-Team die Experten von den Funktionen eingeladen, welche den Lieferanten, falls mehrere aus einer Materialgruppe besprochen werden, sehr gut kennen. In den Workshops werden mit einer speziellen Technik Maßnahmen entwickelt, mit welchen es dem Lieferanten leichter gemacht werden soll, die Preise zu reduzieren.

Vor dem Lieferantentag

- **Vorverhandlungen**: In vielen Fällen finden sie in einem Umfang wie bei der klassischen Verhandlung statt. Dies hat mehrere Vorteile: Weitere Einsparungen unterhalb des offiziellen Limits des Vertriebsleiters werden ermöglicht und nach einer ersten Zusage für einen Teil der Einsparung hat der Lieferant mehr Interesse, weiterzumachen, und die finale Verhandlung beim Lieferantentag ist einfacher.
- **Simulation**: Bei einer komplexen Datenbasis, einem komplexen Verhandlungsprozess oder mehreren Entscheidungsoptionen erleichtert eine Simulation unterschiedlicher Verhandlungswege eine reibungslose Verhandlung während des Lieferantentags, die meistens zwei Stunden andauert.
- **Dry run**: Ein Dry run, in dem das Verhandlungsteam mit kritischen Fragen unter Druck gesetzt wird, verbessert die Performance am Lieferantentag enorm. Die Dry runs finden für alle geplanten Verhandlungen ein bis zwei Tage vor dem Lieferantentag statt.
- **Begehung der Location**: Da der Start und der Wechsel der Verhandlungen innerhalb der geplanten Sessions parallel stattfindet, muss dies bis auf die Minute genau synchronisiert werden. So werden am Abend vor dem Lieferantentag die Räumlichkeiten begangen, um

insbesondere die jungen Einkäufer und die MPU-Teammitglieder, die nicht vom Einkauf kommen, mit der Sitzordnung, der Getränke-logistik etc. vertraut zu machen.

Lieferantentag

- **Lieferantenankunft**: Es gelten alle Regeln, die in Kapitel 4 beschrieben werden. Zusätzlich gilt bei den Events: Hinweisschilder sollten überall entlang des Weges vom Parkplatz bis zur Rezeption aushangen und die Raumbezeichnungen an den Türen angebracht werden. Das Team des Lieferanten muss nicht nur abgeholt, sondern auch in den Pausen begleitet werden, damit die Kommunikation unter den Lieferanten vermieden oder gesteuert werden kann. Damit reduziert man das Risiko eines unbeeinflussbaren Austausches zwischen den eingeladenen Lieferanten.
- **Management Room** (früher häufig War Room genannt): Dort wird an der Leinwand das aktuelle Ergebnis online gezeigt und die Chat-Verläufe mit den Teams online gezeigt.
- **Rollen**: Neben den MPU-Teamrollen gibt es weitere wie z. B. »Joker« oder »Supervisor«. Sie sind im Detail in Kapitel 3 beschrieben. Der CFO oder der Einkaufsleiter können im Sinne der Rolle »New Face« taktisch als »Joker« spontan oder geplant die Verhandlungen verstärken, die nicht vorankommen. Alternativ kann diese Person als ein »Supervisor« draußen bleiben (im Flur/alle Verhandlungen im gleichen Gebäude oder in der Nähe) und kann von den Einzelteams angefordert werden, um die Strategie außerhalb der Verhandlungs-räumen zu verifizieren. Der Supervisor kann auch die Teams oder den Macher kurz aus den laufenden Verhandlungen »herausholen«.
- **Der Tag beginnt mit den Vorträgen**: Der »Präsidentenvortrag« (Vorstand/GF zu den Chancen, Perspektiven und Vorteilen aus der Zusammenarbeit), der »Schmerzvortrag« (»böse Kunden und Wettbewerber, wir haben alles getan und x % geschafft, nun ist der Rest der Supply Chain dran, um das gemeinsame Geschäft zu sichern«) und der »Lösungsvortrag« (»wir haben uns sorgfältig vorbereitet und

Maßnahmenvorschläge definiert, sind gespannt auf das gemeinsame Ergebnis der Workshops«).

- **Verhandlungen in den Parallelsessions**. Während der Session mit den ersten Lieferanten wird die andere Lieferantengruppe »beschäftigt« (Sidewalk, Showroom, Best-Practice-Vorträge, Design-to-Cost-Workshops etc.).
- **Abschluss**: mit dem Feedback und dem Ausblick.
- **Gruppen-Feedback**: nachdem Lieferanten verabschiedet wurden.

Nach dem Lieferantentag

- **Feedback**: innerhalb der MPU-Teams bzgl. der Leistung der Einzelnen. Planung der Umsetzung.
- **Umsetzung der Ergebnisse**: Überführung der Ergebnisse in das Einkaufsleben, das fortlaufende Maßnahmenmanagement und Information an das Einkaufscontrolling

HYBRIDVERHANDLUNGEN

Beinahe alle oben genannten Verhandlungsformate können miteinander **verknüpft** werden. Hier einige Beispiele:

- Elektronische Auktionen in Verbindung mit einer virtuellen Parallelverhandlung hat es insbesondere während der Pandemie schon gegeben, z. B. zunächst eine elektronische Auktion, um die Anzahl der Lieferanten zu reduzieren, und dann eine virtuelle Parallelverhandlung.
- Die Verhandlungssessions während der Lieferantentage bestehen aus bilateralen Verhandlungen. Die Lieferanten werden meistens entsprechend der Höhe des Einkaufsvolumens ausgewählt, aber da die Verhandlungen parallel stattfinden, gibt es immer das Gefühl, dass in einem der Räume ein Wettbewerber verhandelt.

Parallelverhandlungen können in die Verhandlungssessions während der Lieferantentage integriert werden. Das ist ein ganz cleverer Schachzug, denn der Wettbewerbsdruck steigt dadurch noch zusätzlich. In der Praxis werden z. B. fünf Lieferanten einer Materialgruppe in eine Verhandlungssession integriert oder drei in die erste und zwei in die zweite, wenn man gleiche Teilnehmer der MPU-Teams benötigt. Wenn es notwendig ist, dass ein Team alle Lieferanten verhandelt, und diese aus einer Materialgruppe sind, dann haben wir sie schon nacheinander verhandelt. Es waren eher Ausnahmen, weil die Lieferanten über mehrere Stunden beschäftigt werden mussten. An dieser Stelle empfehle ich eine Parallelverhandlung.

3

VERHANDLUNGSTOOLBOX »NEGOTIATION POWER CONCEPT«

———

Eine **Verhandlungstoolbox** enthält unterschiedliche Verhandlungsmethoden für unterschiedliche Situationen. Sie ist nicht nur die Basis für die Verhandlungen selbst und die Verhandlungstrainings, sondern auch für die Entwicklung des Beitrags aus dem Material und für die Budgetplanung. Außerdem muss sie kompatibel mit der Einkaufs-, Material- und Lieferantenstrategie sein. Sie ist ein Fundament der Einkaufsverhandlungen und muss deshalb sorgfältig ausgewählt, konsequent implementiert und nachhaltig »gelebt« werden. Was sind also die wichtigsten Anforderungen zur Auswahl einer Verhandlungstoolbox?

Eine **Verhandlungstoolbox** ...

- gibt dir das Vertrauen in deren Wirkung, sodass du daran glaubst, dass sie dir kurz-, mittel und langfristig die »Verhandlungsmacht« verleiht, die du schon immer haben wolltest – und du fühlst dich wohl, weil du glaubst, dass sie dich und deine Einkäufer weiterbringt,
- ist universell einsetzbar bei allen Materialgruppen des direkten und indirekten Materials, bei CAPEX und im Projekteinkauf,

- enthält alle Verhandlungsformate wie bilaterale Verhandlungen, Parallelverhandlungen, Verhandlungsevents, elektronische Auktionen etc.,
- berücksichtigt die Einflüsse unterschiedlicher Mentalitäten weltweit und kann mit einem Trainernetzwerk in der Landessprache vermittelt werden,
- ist in ein Trainingsprogramm mit unterschiedlichen Qualifikationsstufen transferierbar,
- baut auf den Erfahrungen aus Tausenden von Verhandlungen auf und
- ist für den industriellen Einsatz ohne Wurzeln in einer exotischen Umgebung entwickelt.

Das **Negotiation Power Concept (NPC)** ist eigentlich mehr als eine Verhandlungstoolbox, weil es nicht nur die Tools, sondern auch den Prozess und die organisatorischen Aspekte enthält. Es war für mich und das Team, mit dem ich das NPC auf der Basis von mehreren Vorgängern entwickelt habe, eher wie eine Religion. Da ich diesen Begriff nicht benutzen möchte, bleibe ich bei der »Verhandlungstoolbox«. NPC ist also ein reifes und in Tausenden von Verhandlungen angewendetes Konzept. Die Anzahl der Verhandlungen liegt allein bei den Verhandlungen innerhalb der Lieferantentage bei weit über 25.000.

Die im Folgenden beschriebenen acht NPC-Bausteine (Motiv, Strategie, Target Setting, Argumentation, Teamrollen, Taktiken, Psychologie und Konzept) bauen aufeinander auf und sind miteinander vernetzt. So gelangt man nach der Festlegung des Motivs direkt zur Strategie. Das hat großen Einfluss auf das folgende Target Setting, das direkt mit den Argumenten verbunden ist und zur Wahl des Konzepts führt. Diese ersten vier NPC-Bausteine (Motiv, Strategie, Target Setting und Argumentation) bilden den **ersten inhaltlichen »harten« Teil der NPC-Verhandlungstoolbox.** Hier stehen Fakten, Daten, KPIs, Benchmarks, Indizes und Beweise sowie deren Verknüpfung und logische Überführung in ein Verhandlungskonzept bzw. Mechanism Design (bei den spieltheoretischen Vergaben und Auktionen) im Vordergrund.

Dort münden auch die drei NPC-Bausteine vom **zweiten »soften« Teil der NPC-Verhandlungstoolbox**: Teamrollen, Taktiken und Psychologie. Diese weichen Bausteine sind zwar wichtig, allerdings gewinnt man eine Verhandlung vor allem mit den inhaltlichen Bausteinen. Die Soft-Bausteine sind deshalb wichtig, weil sie den Erfolg einer Verhandlung erleichtern und das Ergebnis erhöhen. Allein jedoch auf die Soft-Bausteine zu setzen, ist zu riskant. Ich weiß, dass die Einkäufer sich manchmal dafür entscheiden, weil sie kurzfristig einspringen müssen oder keine Zeit für die Vorbereitung hatten. In diesem Fall empfehle ich jedoch, die Verhandlung zu verschieben und sie dann gründlich vorzubereiten, da das Ergebnis dann deutlich besser sein wird.

Eine Verhandlung besteht aus vielen Elementen, vor allem Preis- und Risikoreduzierung, Qualitäts-, Logistik- und Cash-Optimierung, Klärung der R&D- und Transportdetails, Nachhaltigkeitsstandards etc. So steht die Preisreduzierung nicht allein im Fokus, ist jedoch fast immer dabei und dann auch in einer dominanten Form. Deshalb konzentriere ich mich im Folgenden auf die Preisreduzierung, ohne den Weg für die anderen Verhandlungselemente zu versperren.

MOTIV

Warum startet man den Vorbereitungsprozess mit einer Entscheidung für ein Motiv? Weil diese Entscheidung alle NPC-Bausteine in den danach kommenden NPC-Modulen maßgeblich beeinflusst, die Vorbereitung einfacher und der Auftritt vor dem/den Lieferanten konsistenter ist. Die verhandlungsspezifische Festlegung des Motivs erleichtert also die individuelle Auslegung der folgenden NPC-Bausteine. Das Motiv existiert meistens »in den Köpfen« der Einkäufer. Seine Festlegung geschieht deshalb recht schnell. Inhaltlich geht es nun vom Motiv direkt zur Strategieentwicklung.

Es gibt viele Motive. Hier habe ich die meistgenutzten zehn Beispiele ausgesucht:

1. Notwendigkeit der Kostensenkung, weil der Wettbewerb zugenommen hat oder noch drastischer: Sicherung des Überlebens deines Unternehmens und damit der Umsatzquelle des Lieferanten
2. Aufkommende Risiken in der Zukunft, Bedrohung der gesamten Lieferkette, z. B. durch einen Wettbewerber oder eine neue Technologie
3. plötzliche Materialverknappung, z. B. Pandemie oder Krieg
4. Reduzierung der Lieferantenanzahl, z. B. Auswahl der bevorzugten Lieferanten, Bildung der strategischen Partner
5. Klimawechsel in der Wirtschaft, z. B. Übergang vom Verkäufer- zum Käufermarkt

6. schlechte Performance des/der Lieferanten
7. Wachstumsperspektive
8. ein Einzelereignis, z. B. »Großauftrag aus China« oder Start eines neuen Programms im Unternehmen
9. Wechsel in der Eigentumsstruktur, z. B. Übernahme durch eine Private Equity
10. neues Gesicht, z. B. ein neuer CPO oder Einkaufsleiter

Die Motive können positiv (z. B. gemeinsame Bewältigung des starken Wachstums) und negativ (z. B. drastischer Kostendruck) sein. Sie können auch »verzahnt« – also positiv + negativ zusammen – gewählt werden. Wenn man bei den beiden Beispielen bleibt, wäre es z. B. »wenn es uns gemeinsam mit dir (= dem Lieferanten) gelingt, Kosten signifikant zu senken, werden wir ein gemeinsames Wachstum erwarten können«.

Die einzelnen Motive haben wir in einem eigenen NPC-Handbuch in einzelnen Steckbriefen im Detail systematisch und sehr präzise beschrieben. Ein Steckbrief enthält die Zielsetzung, eine genaue Beschreibung, die Anwendungsempfehlungen aus der Praxis sowie typische Einsatzbeispiele. Ziel dieses NPC-Handbuchs ist der konkrete Einsatz in der Praxis und bei den Trainings.

STRATEGIE

Bevor die Strategie entwickelt wird, muss eine gründliche **Analyse** der Ausgangssituation durchgeführt werden, um die Stärken, Schwächen, Chancen und Risiken (SWOT) der eigenen Position sowie der Position der Gegenseite zu verstehen. Dies kann die Bewertung von rechtlichen, finanziellen, organisatorischen und persönlichen Faktoren umfassen, die die Verhandlung beeinflussen können. In diese Analyse müssen die internen Schnittstellenpartner eingebunden sein. Parallel dazu wird die externe Marktsituation sondiert, indem die Preisvorschläge und Konzepte der Lieferanten im Rahmen der RfI (Request for Information), RfP (Request for Proposal) und RfQ (Request for Quotation) gesammelt werden. Bevor das Verhandlungskonzept im fünften Baustein, dem ersten inhaltlich »harten« Teil der NPC-Verhandlungstoolbox, entwickelt wird, müssen diese Informationen vorlegen. Die Generierung dieser Informationen muss deshalb mit der Verhandlungsvorbereitung sehr genau synchronisiert werden.

Die Unternehmensstrategie ist die Basis für die Einkaufs-, daraus folgend die Materialgruppen-, damit auch der Lieferanten- und am Ende der **Verhandlungsstrategie**. Diese Kette ist keine Theorie, sondern eine enge Vernetzung, die in der Praxis für die Entwicklung der Verhandlungsstrategie notwendig ist. Der Einkäufer muss also seine Verhandlungsstrategie an alle Stufen dieser Kette ausrichten. Ist z. B. das Unternehmen darauf ausgerichtet, die Wertschöpfungstiefe zu reduzieren, so spielen Make-or-Buy-Ansätze, Outsourcing, Bildung der Systemlieferanten, Integration der Lieferanten in eigene Produktion und Logistik etc. eine größere Rolle als in jeder »konventionellen« Verhandlung – auch wenn es in der Praxis gar keine »konventionelle« Verhandlung gibt.

In diesem Kapitel werde ich mich auf drei **Schlüsselstrategien** konzentrieren: eine konfrontative, eine kooperative und eine **Mischstrategie**. So stellen wir es in den NPC-Basic-Trainings auch dar. Bei den NPC-Trainings für Fortgeschrittene zeigen wir neben der konfrontativen auch die offensive und neben der kooperativen auch die defensive Strategie auf.

Die Unterscheidung zwischen der **konfrontativen und der kooperativen Strategie** ist notwendig und im Bereich der gesamten Verhandlungstechnik weit verbreitet. Das spielt z. B. bei den Verhandlungen mit den Monopolisten eine große Rolle. Eine kooperative Strategie bedeutet nicht automatisch, dass man geringere Ziele erreichen will als im Falle des konfrontativen Ansatzes. Zwei grundverschiedene Formulierungen als Beispiel: Du kannst dem Lieferanten sagen: »Wenn du mir die Preise nicht um 8 % senkst, dann muss ich dich ausphasen.« Oder auch anders: »Gib mir 8 % und dann hast du eine reale Chance, deinen Umsatz innerhalb der nächsten drei Jahre zu verdoppeln.« Es geht in beiden Fällen um die gleichen 8 %, jedoch wird strategisch völlig unterschiedlich kommuniziert. Negativ bedrohlich vs. positiv motivierend.

Es gibt auch eine **Mischstrategie** aus den kooperativen und konfrontativen Ansätzen als dritte Variante. Sie ist weit verbreitet und wird bei unsystematischen oder schlecht vorbereiteten Verhandlungen recht häufig benutzt, falls keine 100 %ige Fokussierung auf kooperativ oder konfrontativ notwendig ist.

Die konfrontative Strategie kann entlang einer Achse von sanft bis heftig gesteigert werden. Zu Beginn dieser Achse werden in einer entspannten Atmosphäre die Ideen zur Preisreduzierung und anderen Zielen wie z. B. Verbesserung der Qualität, Logistik, Resilienz und Nachhaltigkeit bzw. Risikoreduzierung sanft, fast harmonisch diskutiert. Der Druck kann dann entlang dieser Achse bis zu deren Ende gewaltig gesteigert werden. Am Ende der Skala kann die Drohung im Raum stehen, dass bei der Nichterfüllung der gesetzten Verhandlungsziele der Lieferant sein gesamtes Geschäft verliert oder mit hohen Strafzahlungen konfrontiert wird.

Konfrontative Ansätze sind häufig negativ geprägt, z. B. Direktvergleich mit dem Wettbewerb, Drohungen und negative Erfahrungen mit dem Lieferanten. Aber sie können auch positiv geprägt sein, z. B. mehr Volumen (Neugeschäft oder Verlagerungsgeschäft vom Wettbewerb), Aufbau zum Systemlieferanten oder gemeinsame Entwicklung.

Ansätze der **kooperativen Strategie** lassen sich ebenfalls einer Achse zuordnen, an deren Anfang die Ideen zur Stärkung der Kooperation ausgetauscht werden. Am Ende der Skala steht das Strategische-Partner-Management. Dieser Ansatz geht so weit, dass man die Entwicklungs-Roadmaps synchronisiert, gemeinsame Entwicklungen plant und gemeinsam am Markt auftritt, dabei ist neben dem Lieferanten- auch ein Kundenverhältnis vorhanden.

Kooperative Ansätze sind häufig positiv geprägt, z. B. Unterzeichnung eines langfristigen (Rahmen-)Vertrags (auch als Exklusivlieferant), Vereinbarung der langfristigen Partnerschaft oder gemeinsame Entwicklung. Sie können aber auch gelegentlich negativ geprägt sein und Drohungen enthalten, z. B. bei Nichteinigung wird sofort ein Lieferantenstopp eingeleitet oder eine Marktforschung zur Identifikation anderer Lieferanten wird gestartet.

Die Entscheidung für die konfrontative, kooperative oder Mischstrategie beeinflusst die Entwicklung und Festlegung der Kommunikationsstrategie. Die Kommunikation spielt eine wichtige Rolle in Verhandlungen. Eine klare Kommunikationsstrategie definiert, wie Informationen ausgetauscht werden, wie Botschaften präsentiert werden und wie auf die Kommunikation der Gegenseite reagiert wird.

Die Strategie wird direkt nicht nur mit dem gesetzten Ziel (s. Abschnitt »Target Setting«), sondern auch mit den Hebeln, Ideen und Maßnahmen, die man in der Verhandlung mit dem Lieferanten bespricht, verbunden.

TARGET SETTING

Die Zielsetzung kann einzeln oder konglomeratisch bzw. statisch oder dynamisch bzw. agil oder systematisch stattfinden.

Zu einer **konglomeratischen** Zielsetzung kommt es, wenn mehrere **einzelne** Ziele in einer Verhandlung verhandelt werden. So ist uns in einem Projekt bei einer europäischen Airline aufgefallen, dass die Produkte und Leistungen eines amerikanischen Mischkonzerns in neun Bereichen separat verhandelt werden. Eine konglomeratische Gesamtverhandlung hat die einzelnen Ziele aufgrund der Skaleneffekte auf der Unternehmensebene deutlich erhöht. Die meisten Lieferanten werden sich verteidigen, dass ihre einzelnen Preise miteinander nichts zu tun haben. Auch wenn sie Recht haben, einen Bonus gibt es immer. Und ein Rahmenvertrag sichert diesen Vorteilen auch in der Zukunft.

Die **statische Zielsetzung** findet in den meisten Verhandlungen Anwendung. In diesem Fall wird vor der Verhandlung entweder ein Ziel oder es werden mehrere Ziele festgelegt und auf Submaterialgruppen, Teile oder Produktfamilien aufgeteilt. Die **dynamische Zielsetzung** als sogenanntes »Moving Target« bedeutet, dass man bewusst das vor der Verhandlung festgelegte Ziel während der Verhandlung verändert. Dies geschieht seltener, und wenn, dann meistens während der Parallelverhandlungen.

So erinnere ich mich an einen Lieferantentag bei einem Leuchtenhersteller, bei dem wir mit drei Lieferanten der Edelgase verhandelt haben. Die Situation war ungünstig, denn die Position der Lieferanten haben wir verglichen zu unserer Position als viel stärker eingeschätzt. In den Gesprächen kam sogar das Thema des Kartells als Verdacht auf. So sind wir mit einer realistischen Zielsetzung ins Rennen gegangen. Ich stand mit meiner Rolle als »Supervisor« (s. Abschnitt »Teamrollen«) im Flur, als plötzlich ein Teamleiter einer der drei Verhandlungen losgerannt ist und mir zugerufen hat, dass er die Zusage für 10 % Preisreduzierung erhalten hat. Sie lag natürlich über dem von uns angepeilten Ziel. Wir haben sofort reagiert und die beiden anderen Teams aus den Verhandlungsräumen herausgeholt, sie darüber informiert und beauftragt, mit dieser Botschaft in die Verhandlungsräume zurückzukehren und zu kommunizieren, dass ein Wettbewerber den Preis für Xenon um 10 % reduziert hat. Das war so authentisch und glaubwürdig (s. Abschnitt »Psychologie« in diesem Kapitel), dass am Ende alle drei Teams 10 % Einsparung erreicht haben.

Agile Zielsetzung bedeutet, dass jemand ein konkretes Ziel ohne einen Bezug zu einer Zahl oder Tatsache definiert hat. Das geschieht selten, aber wenn, dann ist es häufig eine »diktatorische« Festlegung, die manchmal einen emotionalen Hintergrund hat, d. h. ein CEO oder ein Einkaufsleiter verliert die Geduld und erklärt eine willkürliche Prozentzahl zum Ziel.

Eine agile Zielsetzung kann auch bewusst gesetzt werden, um die Komplexität zu drosseln. So erinnere ich mich an einen Lieferantentag im Werk eines deutschen Technologiekonzerns in Tianjin, bei dem 20 Lieferanten aus vielen unterschiedlichen Materialgruppen eingeladen waren und wir gemeinsam mit dem Einkaufsleiter und dem Vorstand 10 % als ein Ziel für alle Lieferanten festgelegt haben. Das hatte den Vorteil, dass man es offen vor und während des Lieferantentags kommunizieren konnte und jeder Lieferant wusste, dass es für ihn keinen Freibrief gibt. Es hatte den Nachteil, dass man in manchen Fällen mehr als 10 % hätte fordern und erklären können. Aber das hatten wir einkalkuliert. Die Rechnung ist aufgegangen, das Verhandlungsergebnis war erstaunlich hoch.

Systematische Zielsetzung bedeutet, dass es einen oder mehrere Bezugspunkte gibt, die angewendet wurden, um ein quantitatives Ziel zu definieren. Zu den gängigsten Bezugspunkten zählen:

- **Schattenkalkulation**: selbst anhand der Veränderung der Kalkulation des eigenen Produkts bzw. der eigenen Leistung berechnet oder unter Tooleinsatz
- **Preisveränderung** der Bezugsquellen mit einem entscheidenden Einfluss, z. B. Rohstoffpreise, Indizes oder Notierungen an den Börsen
- **Linear Performance Pricing**: Abweichung von der logischen Preisentwicklung im Vergleich zu den benachbarten Produkten oder Dienstleistungen
- **Benchmarking**: Orientierung des Verhandlungsziels an definierten KPIs oder Best-Practice-Lösungen
- **Reverse Engineering**: Kostenermittlung der Wettbewerbsprodukte in der eigenen Fertigung auf der Basis der eigenen Stückzahl – heruntergebrochen auf die Baugruppen, Teile und Dienstleistungen
- **Target Costing**: Zielpreise werden entlang der Kette von den Marktpreisen der Wettbewerber und Projektion auf die Zukunft abzüglich der eigenen Zielmarge ermittelt. Diese Kosten werden dann auf die Funktionen aufgeteilt und durch die Kunden bewertet. Daraus lassen sich die Ziele für die eigene Verhandlung ableiten.
- **Conjoint Analysis**: Hier dient die Veränderung des Kundenverhaltens als Orientierung für die Quantifizierung der Verhandlungsziele.
- **Funktionskostenanalyse**: Der Nutzen einer Funktion (Kundengewichtung bzw. des Erfüllungsgrads dieser Funktion) wird direkt mit dem Ressourcenverbrauch, den die Realisierung der Funktion impliziert, in Relation gesetzt und stellt die Grundlage für das Verhandlungsziel dar.

Die Ziele können auch systematisch über ein **Scoring-Verfahren** hergeleitet werden. In diesem Fall werden die Fragen innerhalb der logischen Schwerpunkte beantwortet. Ein Konzept mit sechs Modulen mit jeweils drei Fragen habe ich in einer kalten Nacht in Osteuropa entwickelt, nachdem sich die lokalen Einkäufer geweigert hatten, ein Ziel zu definieren, weil »ihre Preise nicht mehr optimiert werden können«. Nachdem sie diese Fragen in einem Workshop quantitativ beantwortet haben, stand die Zielsetzung. Seitdem haben wir diesen Ansatz mehrmals eingesetzt. Er funktioniert, braucht aber Erfahrung im Einsatz.

Wenn man eine Zielsetzung entwickelt hat, was kommuniziert man dem Lieferanten und was ist die Untergrenze für die Verhandlung, bei deren Unterschreitung eine »Schmerzmaßnahme« eingeleitet wird? Wir haben ein System entwickelt, das wir in allen Projekten eingesetzt haben:

1. MDO ist das **Hauptziel** und steht für »Most Desirable Outcome«, z. B. den prozentualen Wert der Einsparungen, der im besten Verhandlungsszenario erreicht wird.
2. Anker ist das **offizielle Ziel**, das dem Verhandlungspartner mitgeteilt wird; es liegt um den Faktor 1,3 bis 1,5 über dem MDO-Wert. Das Anker-Ziel muss erreichbar sein und während der Verhandlung auch plausibel erklärt werden können.
3. LDO ist das **Mindestziel** und steht für »Least Desirable Outcome«; es liegt in der Regel bei 50–70 % des MDO. Ich empfehle, das LDO nicht zu sehr vom MDO zu entfernen, denn häufig haben die Verhandlungsteams die Neigung, sich am LDO und nicht am MDO zu orientieren. Warum? Weil die Nichterreichung des LDO mit dem unbequemen Schritt verbunden ist, dem Lieferanten die unangenehme BATNA-Maßnahme verkünden zu müssen.
4. BATNA steht für »Best Alternative To a Negotiated Agreement« und ist die »**Schmerzmaßnahme**«, welche eingeführt wird, wenn das LDO unterschritten wird. Bitte achte darauf, dass das BATNA unbedingt vor der Verhandlung festgelegt und deren Realisierung von den relevanten Stakeholdern freigegeben wird. Sich die BATNA einfach während der Verhandlung spontan auszudenken, ist zu riskant. Denn wenn die BATNA-Drohung nicht umgesetzt wird, verliert man

an Glaubwürdigkeit, dem wichtigsten Wert, auf den man achten muss. Verlorene Glaubwürdigkeit heißt für die Zukunft schwierigere Verhandlungen und schlechtere Ergebnisse.

MDO-, LDO- und Anker-Ziele hängen von verschiedenen Faktoren ab, wie z. B. Branche, Nachfrage, Wettbewerb, vergangene Situation, Produkt, Materialpreise usw., und werden vor der Verhandlung individuell festgelegt. Sie können mit dem Scoring-Verfahren (s. Erläuterung oben) verbunden werden. Falls sich ein Team die Mühe macht, die Verhandlungsziele so systematisch und granular zu entwickeln, garantiert das ein perfektes Ziel-Gefühl im Verhandlungsteam während der Verhandlung.

Wie sichert man sich ab, dass die Verhandlung nicht auf einem Niveau endet, das man nicht akzeptieren kann? Diese Frage ist insbesondere für die elektronische Auktion wichtig. Vor dem Start einer Auktion legt man den sogenannten Reservationspreis (Minimalkonditionen) fest, unter dem die Vergabe nicht zustande kommt.

ARGUMENTATION

Genauso wie die Strategie auf dem Motiv und das Target Setting auf der Strategie aufbauen, so setzt die Argumentationsentwicklung diesen Pfad fort. Sie ist im ersten inhaltlichen »harten« Teil der NPC-Verhandlungstoolbox häufig ausschlaggebend für den Gewinn einer Verhandlung.

Es gibt **individuelle Argumente**, mit denen man kurz-, mittel-, langfristig Power aufbaut, um damit eigene Forderungen durchzusetzen. Die am häufigsten genutzten Argumente lassen sich clustern und den Strategien systematisch zuordnen. Solche Cluster benutzen wir in den Projekten als Checklisten am Ende einer kreativen Runde, um sicherzustellen, dass wir alle Argumente ergänzend zu den identifizierten individuellen Argumenten gesammelt haben.

Genauso wichtig sind die **Gegenargumente**. An dieser Stelle bereiten wir den Einkäufer und sein Team auf die Argumente des bzw. der Lieferanten und deren Beantwortung vor, indem wir auf die Checklisten mit den häufigsten Beispielen zurückgreifen.

In Verhandlungen gibt es verschiedene Arten von Argumenten, die verwendet werden können, um eine Position zu vertreten oder ein bestimmtes Ziel zu erreichen. Diese verschiedenen Arten von Argumenten können je nach Kontext und Zielsetzung einer Verhandlung verwendet werden. Oft werden erfolgreiche Verhandlungen durch die geschickte Kombination verschiedener Argumentationsstrategien erreicht. Die Wahl der passenden Argumente hängt dabei von verschiedenen Faktoren ab, darunter die spezifischen Umstände der Verhandlung, die Ziele der Beteiligten und die Eigenschaften der Gegenseite.

Hier sind einige häufige Arten von Argumenten:

1. **Logische Argumente**: Sie basieren auf der Logik und rationalen Schlussfolgerungen und enthalten Fakten, Daten und Beweise. Wir unterstützen die Auswahl der Argumente mit einer Checkliste, die auf der Basis von vielen Verhandlungen entstanden ist. Beispiele:
   - KPI-Entwicklung, z. B. Rohstoffpreis, Inflation, aktueller Leitzins, Indizes (z. B. für Granulate), Notierungen an der Börse (z. B. Kupfer)
   - Wettbewerbsdruck, z. B. konkrete Marktgewinne bzw. -verluste, Ursache-Wirkungs-Ketten (z. B. sinkende Verkaufszahlen aufgrund überteuerter Produktion in der aktuellen Region)
   - Kostenstruktureffekte, z. B. neue Technologien
2. **Emotionale Argumente**: Hier stehen Emotionen wie Mitgefühl, Angst oder Hoffnung im Vordergrund. Sie sind besonders wirksam, wenn sie mit einem plakativen Element verbunden sind. Beispiele:
   - Flammende Rede zu Beginn der Verhandlung, z. B. im Sinne von »Apocalypse now«, falls man sich nicht auf eine erhebliche Preisreduzierung einigt
   - Beginn der Werksführung in einer wegen Kurzarbeit leeren Halle
   - Ankunft der Lieferanten vor der Verhandlung oder dem Lieferantentag auf einem leeren Parkplatz
3. **Ethos-Argumente**: Hier steht die Glaubwürdigkeit, Autorität oder Reputation einer Person oder Organisation im Fokus, um das Vertrauen zu gewinnen. Beispiele:
   - Beginn des Lieferantentags mit dem Vortrag des Top-Managements oder Einbindung des Top-Managements in das Verhandlungsteam, z. B. Pusher (s. »Macher-Pusher-Unterstützer« im Abschnitt »Teamrollen«)
   - Einbindung einer anderen Funktion, z. B. Entwicklungsleiter in die Verhandlung

- Werkstour, um z. B. die Produktion der fremden Produkte mit der neuen Technologie aufzuzeigen

4. **Ethische Argumente**: Mit diesen Argumenten sprichst du die Moral, das Bewusstsein, das Gewissen oder sogar die Ehre des Lieferanten an. Beispiele:
   - Wenn der Lieferant der Preisreduzierung nicht zustimmt, dann muss die Produktion in ein Niedriglohn-Land verlagert werden.
   - Wenn der Lieferant der Preisreduzierung nicht zustimmt, wird dein Unternehmen nicht in Umweltschutzmaßnahmen investieren können.

5. **Taktische Argumente**: Sie beziehen sich auf die gekonnte, häufig mit einem Risiko verbundene Verwendung von Informationen, mit denen dein Ziel doch erreicht werden kann. Ich empfehle, sie nur dann zu benutzen, wenn es wirklich notwendig ist. Beispiele:
   - bestimmte Daten »aus dem Nähkästchen ausplaudern«
   - den Namen des Lieferanten-Wettbewerbers gezielt ansprechen
   - letzte Verhandlungsrunde unter vier Augen mit dem Leader des anderen Teams führen und ihn in der Einkaufssprache einfach fragen: »Was brauchst du?«

Diese zuletzt genannten taktischen Argumente bilden eine Brücke zu den drei soften NPC-Bausteinen als zweiter »weicher« Teil der NPC-Verhandlungstoolbox: Teamrollen, Taktiken und Psychologie.

TEAMROLLEN

Die Teamrollen sind sehr hilfreich und werden allen Teammitgliedern zugeordnet. Wenn man sie nicht definiert, verliert man einen großen Vorteil. Die Taktiken wiederum werden – im Gegensatz zu den Rollen – optional und nicht zwangsläufig allen Teammitgliedern zugeteilt. Die Teamrollen müssen jedoch nicht nur mit den Taktiken, sondern auch mit der internen Team-Choreografie und der internen Team-Psychologie synchronisiert werden.

Durch eine gründliche Vorbereitung auf die Verhandlung und eine klare Aufgabenverteilung zwischen den Team-Mitgliedern werden dem Lieferanten keine Schwächen aufgezeigt. Das Verhandlungsteam hat dank der gründlichen Vorbereitung im Vorfeld einen erheblichen Informationsvorsprung. Jeder Diskussionspunkt wird systematisch mit spezifischen Drohungen oder Versprechungen in Verbindung gebracht, wobei die Absicht, eine Geschäftsbeziehung aufrechtzuerhalten, stets im Mittelpunkt steht.

Es gibt unendlich viele Konstellationen für die Teamrollen. Hier habe ich die wichtigsten zehn ausgesucht:

1. **Macher-Pusher-Unterstützer** (Rollenaufteilung innerhalb des Teams):
   - Diese Konstellation funktioniert immer. Sie wurde über 25.000-mal in den Teams eingesetzt, die während der von uns organisierten 1.250 Lieferantentage verhandelt wurden.
   - Der Macher ist der Einkäufer, der den Lead hat.
   - Der Pusher ist meistens entweder der Einkaufsleiter, ein Leitungskreismitglied oder ein Berater. Seine Aufgabe war ursprünglich, den Druck zu erhöhen oder zu senken, wenn es notwendig war. Mittlerweile ist der größte Nutzen dieser Rolle das Einbringen der Erfahrung aus anderen Gebieten.
   - Der Unterstützer soll mit seinem Know-how (je nach Verhandlung: R&D, Logistik etc.) verhindern, dass die wichtigsten Maßnahmen durch einen cleveren Vertriebsmann mit Potenzial versehen werden, das später nicht gehoben werden kann. Da er erfahrungsgemäß über die meiste Zeit verfügt, wird er für Zusatzaufgaben eingesetzt, z. B. den Online-Kontakt zum »Joker« oder Management Room halten oder die Facilitator-Pflicht übernehmen und darauf zu achten, dass die Agenda eingehalten wird.
   - Ein erlebter Fauxpas als kurze Anekdote: Bei der Vorstellung soll sich niemand als »Ich bin der Pusher« vorstellen.

2. **Good Guy – Bad Guy** (Rollenaufteilung innerhalb des Teams):
   - Dies ist in der Vergangenheit die am meisten verbreitete, beliebteste und einfachste Rollenaufteilung und funktioniert meistens gut.
   - Ein Einkäufer spielt den »Bad Guy« und setzt den Lieferanten mit starken Gegenargumenten und einer offensiven – oder sogar arroganten – Haltung bewusst unter Druck, was ihn für den Lieferanten eher unangenehm macht.
   - Der Einkäufer, der den »Good Guy« spielt, verhält sich stattdessen eindeutig sympathisch, unterstützt den Lieferanten, verlangt aber gleichzeitig Zugeständnisse.
   - Mein Tipp: Falls die Verhandlung eingefahren erscheint, einen kurzen Break einfädeln und außerhalb des Verhandlungsraums den Rollentausch vornehmen, wie es im Fußball der linke und rechte Flügelstürmer tun.

3. **Entsandter des Vorstandes** (Einzelrolle im Team):
   - Die Einführung eines Vorstandsassistenten hat das klare Ziel, die Präsenz des Top-Managements in den Verhandlungen zu stärken. Ein Lieferant, der sich unter Druck gesetzt fühlt, ist geneigt, größere Zugeständnisse zu machen, als er es normalerweise tun würde (seine mangelnde Bereitschaft zur Zusammenarbeit kann weitreichendere Folgen haben).
   - Wichtig: Damit es funktioniert, muss das gesamte Team bereit sein, eigene schauspielerische Fähigkeiten nutzen.
   - Beispiel: Ich habe es in einer unvergesslichen Qualität in Italien erlebt. Beim Vorbereitungsmeeting saßen vier ähnlich aussehende Einkäufer in blauen Hemden nebeneinander. Das haben wir geändert: Bei der Verhandlung war jeder anders angezogen und spielte seine eigene Rolle. Einer von ihnen war der Vorstandsassistent. Als er hinausging und mit einem weißen Zettel mit der angeblichen Forderung des Vorstandes zurückkam, waren die Reaktionen der italienischen Einkäufer sehr theatralisch und authentisch – damit sehr überzeugend. Es folgte die Zusage zu unserem Target.

4. **Moderator** (Einzelrolle im Team):
   - Er gewinnt das Vertrauen des Lieferanten und ist ein Vermittler, der zwischen den beiden (streitenden) Parteien vermittelt, z. B. um Probleme zu überbrücken und eine Einigung zu vereinfachen. Die Risikominimierung ist seine häufigste Aufgabe.
   - Eine Vermittlerfigur wird als zusätzlicher »Trumpf« in der Verhandlung eingesetzt, um die Gegenseite zu weiteren Zugeständnissen zu bewegen. Der Moderator vermittelt dabei wie ein »Schlichter« zwischen beiden Verhandlungsteams.
   - Beispiel: In der Verhandlung einer europäischen Airline mit dem Heimatflughafen hat der Vorstand eine Zielvorgabe von zig Mio. € »ausgerufen«. Fast illusorisch, weil man es mit einem Quasimonopolisten zu tun hatte. Ich hatte die Aufgabe, das Team, bestehend aus dem CEO und dem CFO, zu coachen. Nachdem ich erfahren hatte, dass der CEO des Flughafens ein Choleriker war, wusste ich, dass wir ein Auffangnetz benötigen. Die Rolle eines Moderators ist dafür bestens geeignet. Der CFO hat die Aufgabe des Controllers übernommen. Die Verhandlung endete erfolgreich, aber ausschlaggebend dafür waren andere Einflussfaktoren, z. B. die Drohung, in der Politik zu »petzen«.
5. **Controller** (Einzelrolle im Team):
   - Der Controller stellt sicher, dass die Verhandlungen auf Fakten und Zahlen beruhen. Aktuelle und präzise Daten – z. B. Umsatzanteile und -trends, Preisgestaltung, Kostenaufschlüsselung usw. – werden systematisch zur Unterstützung der Verhandlung verwendet.
   - Der Controller tritt emotionslos auf und gewinnt den Respekt des Lieferanten durch seine Zahlenkenntnis und Kompetenz.
   - Mein Tipp: Die Controller-Rolle wird zu selten eingesetzt. Nutze diese Möglichkeit. Denn es ist ein Vorteil, wenn jemand gut vorbereitet die Zahlendetails und -zusammenhänge darstellt.
6. **Hardliner** (Einzelrolle im Team):
   - Der Einsatz eines Hardliners kann insbesondere zur Klärung »kompromissloser« Ausgangssituationen dienen.

- Als Hardliner legt der Einkäufer seine Verhandlungsposition klar fest. Durch eine »Ankertechnik« nutzt der Einkäufer die (Gegen-)Position des Lieferanten, um sein eigenes Ziel so klar wie möglich zu formulieren.
- Er kann auch einen Konflikt aufbauen, um mit dessen anschließender Deeskalation den Fokus der Verhandlung von den Verhandlungszielen des Lieferanten auf die des Einkäufers zu lenken.
- Mein Tipp: Wähle keinen Kandidaten mit einer Neigung zum Sadismus als Hardliner aus, sondern einen mit ausgeprägter Balance zwischen sehr konsequentem Auftritt und sozialer Intelligenz.

7. **New Face** (Einzelrolle im Team):
   - Ein neues Gesicht kann die Situation komplett verändern. In diesem Fall erscheint die Person unangekündigt und völlig überraschend und ist während der Verhandlung – anders als der Joker (s. u.) – die ganze Zeit dabei. Er kann sowohl bei der ersten als auch bei einer der Folgeverhandlungen zum Einsatz kommen.
   - Ein Vorteil in der Verhandlung kann dadurch entstehen, dass der Verhandlungspartner herausgefordert wird, flexibel und angemessen auf die neue Situation zu reagieren. Außerdem können neue Lösungen und Potentiale viel freier diskutiert werden.
   - Mein Tipp: Die New-Face-Person übernimmt eine auffallende Aufgabe, ansonsten verliert das Team an Glaubwürdigkeit.

8. **Beobachter** (Einzelrolle im Team):
   - Der Beobachter ist ein Teammitglied, das die Dynamik der Verhandlung und das Verhalten der Gegenseite genau beobachtet. Dies kann dazu beitragen, wichtige Trends, Muster oder Chancen zu identifizieren, die während der Verhandlung auftreten, und dem Team wertvolle Einblicke zu liefern, die bei der Anpassung der Verhandlungsstrategie helfen können.
   - Mein Tipp: Diese Rolle ist sinnvoll, wenn ein Jurist oder ein Protokollführer dabei ist. Ansonsten habe ich sie selten eingesetzt.

9. **Joker** (Einzelrolle zeitweise im Team):
   - Eine dynamische Änderung der Teamzusammensetzung durch das plötzliche Erscheinen einer neuen, unbekannten Figur in die

Verhandlung kann eine Blockade in der Verhandlung aufheben. Die Spannungen werden je nach Verhandlungssituation entweder gelöst oder ausgelöst.

- Der Joker wird vom Anfang an so eingeplant, dass er zu einem bestimmten Zeitpunkt der Verhandlung erscheint oder nach Bedarf »aktiviert« wird. Als Joker werden am häufigsten Einkaufsleiter, CFOs u. a. vertrauensbildende Personen eingesetzt.
- Die Aufgabe des Jokers ist es, eine festgefahrene oder ausweglose Situation in einer Verhandlung zu lösen und ein negatives/unerwartetes Ergebnis durch einen gezielten (statt improvisierten) Kompromiss zu vermeiden. Die Verhandlungsposition des Verhandlungsteams soll durch die Intervention einer externen Person gestärkt werden.
- Mein Tipp: Setze eine hochkompetente, angesehene, dominante, charismatische Person als Joker ein, denn diese Aufgabe ist schon sehr anspruchsvoll und der Joker steht ab der ersten Minute, in der er »die Bühne betritt«, unter einem gewaltigen Druck.

10. **Supervisor** (Einzelrolle außerhalb des Teams):
- Der Supervisor ist ein Coach und Sparringspartner, der während der Verhandlung kein Teammitglied ist und auch nicht zeitweise – wie der Joker – sichtbar wird. Er ist für das Team ansprechbar (z. B. im Flur) und auf diesen Kontakt vorbereitet. Dafür wird er im Vorfeld gebrieft.
- Er steht nicht nur als Sparringspartner außerhalb der Verhandlungsräume zur Verfügung, sondern kann auch die Teams oder den Macher kurz aus den laufenden Verhandlungen »herausholen«.
- Er kann in vielen Situationen helfen, wenn z. B. Parallelverhandlungen innerhalb derselben Materialgruppe laufen und ein Koordinator notwendig ist. Oder wenn zeitgleich Verhandlungen in unterschiedlichen Materialgruppen während des Lieferantentags laufen und jemand als Sparringspartner nützlich sein könnte. Oder wenn man weiß, dass ein »juniores« Team einen Coach benötigen könnte und man nicht die Reputation des Teams beein-

trächtigen will. Oder wenn man weiß, dass die schwierige Verhandlung an einem Punkt unterbrochen werden muss, weil ein Strategiewechsel wahrscheinlich erscheint und dafür jemand mit mehr Erfahrung helfen könnte.

– Mein Tipp: Der Supervisor muss wie der Joker extrem erfahren und flexibel in der Übertragung seiner Erfahrung auf die aktuelle Situation sein. Genauso wie beim Joker handelt es sich um eine Rolle mit höchstem Schwierigkeitsgrad.

Die einzelnen Rollen haben wir in einem eigenen NPC-Handbuch in einzelnen Steckbriefen im Detail systematisch und sehr präzise beschrieben. Ein Steckbrief enthält die Zielsetzung, eine genaue Beschreibung, die Anwendungsempfehlungen aus der Praxis sowie typische Einsatzbeispiele. Ziel dieses NPC-Handbuchs ist der konkrete Einsatz in der Praxis und bei den Trainings.

Es ist nicht einfach, die Teamrollen von den Taktiken zu trennen. Du kannst dir das vereinfacht so merken: Eine Rolle ist wie eine Grundsatzaufgabe, die Taktik beschreibt exakt das spezielle Verhalten einer Person während der Verhandlung.

TAKTIKEN

Die Taktiken müssen im Gegensatz zu den Rollen nicht zwangsläufig allen Teammitgliedern zugeteilt werden. Sie müssen jedoch extrem mit den Teamrollen synchronisiert werden und auch auf die interne Team-Choreografie und die interne Team-Psychologie Rücksicht nehmen. Man kann nicht nur unterschiedliche Taktiken in einer Verhandlung, sondern sogar bei einer Person einsetzen.

Es gibt sehr viele Konstellationen für die Taktiken. Hier habe ich die bedeutendsten zehn ausgesucht:

1. **Basar** (Einigung zwischen der eigenen Vorstellung und der des Lieferanten):
   - Auf einem orientalischen Basar (oder Bazar, auf Persisch »Markt« (بازار)) ist es allgemein die Regel, die Preise durch Feilschen zu bestimmen. Die Preisschilder dienen lediglich als Einstiegsgebot des Verkäufers.
   - Ziel ist es, das Ziel der Gegenseite während des Verhandlungsprozesses dem eigenen näherzubringen.
   - Die Verhandlung beginnt mit einem hohen Preisniveau. Während des Verhandlungsprozesses nähern sich die beiden Parteien der Position des jeweils anderen an. Eine endgültige Einigung wird mit einem deutlich niedrigeren Preis als dem ursprünglichen erzielt.
   - Die Basar-Verhandlungstechnik wird zu Unrecht verpönt. In der Politik war in Bezug auf die Verhandlungsstrategie für die Impf-

stoffbeschaffung der Vergleich mit einem Basar gezogen worden. Damit sollte eine ungerechte Verteilung des Impfstoffs angeprangert werden. In diesem Fall wäre es aber der schnellere Weg zu einer Lösung anstelle eines überkomplexen und zu lange dauernden EU-Verhandlungsprozesses gewesen, der am Ende nur mit Nachteilen verbunden war.[3]

- Mein Tipp: Die Basar-Taktik wird sehr häufig, bewusst oder unbewusst, nach dem Motto »Lass uns in der (goldenen) Mitte treffen« verwendet. Das offizielle Ziel muss deshalb höher sein als das eigentlich gesetzte Ziel. Aber er muss auch praktisch unter idealen Bedingungen erreichbar sein. Damit sichert man sich die Glaubwürdigkeit in der Verhandlung. Lies mehr darüber in dem Abschnitt »Target Setting«.

2. **Salami** (Verhandlung in Scheiben):
   - Der Begriff »Salami-Taktik« leitet sich von der guten Schneidbarkeit der Salami in hauchdünne Scheiben ab und wurde zuerst in Ungarn durch Zoltán Pfeiffer, dem damaligen Chef der Partei der Kleinlandwirte, nach den Wahlen von 1947 geprägt, als die kommunistische Partei scheibchenweise immer mehr Macht übernahm. Sie hat dabei die Gegner mit allen Mitteln entweder ausgeschaltet oder sie gezwungen, sich ihr anzuschließen.
   - In der Einkaufsverhandlung werden einzelne Ziele als »Scheiben« nacheinander diskutiert und man baut die Verhandlung auf den Teilergebnissen auf. D.h., man braucht mehrere Ziele.
   - Diese Taktik wird angewendet, wenn nicht alle Ziele oder Verhandlungspunkte von Anfang an offengelegt werden sollen.

---

3 *Falls dich das Thema interessiert, lies mehr darüber in meinem FOCUS-Online-Gastbeitrag »Die EU braucht Experten! – Einkaufsexperte zeigt, was wirklich schieflief« vom 12. 03. 2021 (https://www.focus.de/perspektiven/gastbeitrag-von-jacek-drozak-was-bei-der-impfstoffbeschaffung-schief-gelaufen-ist-und-wie-man-die-fehler-korrigieren-kann_id_13077836.html) und meiner CPO-Umfrage »Sie haben es nicht verstanden! – Einkaufsprofis fordern neue Strategie bei der Impfstoffbeschaffung« im Handelsblatt-Online-Artikel vom 24. 01. 2022 (https://www.handelsblatt.com/unternehmen/industrie/exklusivumfrage-sie-haben-es-nicht-verstanden-einkaufsprofis-fordern-neue-strategie-bei-der-impfstoffbeschaffung/27114608.html).*

- Eine klare und geplante Struktur ermöglicht außerdem dem Einkäufer, die Diskussion zu kontrollieren und selbstbewusster in
  der Verhandlung aufzutreten, ohne Zugeständnisse machen zu
  müssen.
- Mein Tipp: Fange mit dem wichtigsten Ziel, meistens Preisreduktion, an und setze dann chronologisch nach der fallenden Bedeutung fort. Ein Beispiel: 1) unmittelbar wirkende Einsparung,
  2) weitere Einsparung zum späteren Zeitpunkt, getreu dem Motto
  »5 % jetzt und weitere 3 % in 6 Monaten«, 3) Zahlungsziel von 60
  auf 90 Tage erhöhen, 4) weniger Zahlungsläufe, z. B. 1-mal im
  Monat, 5) Auszahlung am vierten Arbeitstag, 6) Skonto einpreisen,
  7) jetzt kommen die Goodies wie kostenfreie R&D-Leistungen
  und 8) am Ende kommt der CEO und holt den berühmten »CEO
  1 %«.

3. **Zuckerbrot**: (Motivation zum Verhandeln):
- Durch die Einführung eines attraktiven Elements für den Lieferanten (ein »Zuckerbrot«) als Gegenleistung für ein Zugeständ-
  nis kann er motiviert werden, deiner Forderung nachzukommen.
  Diese »wenn ..., dann ...«-Argumente müssen konsequent umgesetzt werden, damit man glaubwürdig bleibt.
- Die Verhandlungsagenda muss vor der Verhandlung sorgfältig vorbereitet werden, wobei der beste Zeitpunkt für die Einführung der
  »Zuckerbrot«-Argumente in die Diskussion und ihre Reihenfolge
  im Falle mehrerer »Zuckerbrot«-Argumente gewählt werden muss.
- Es gibt auch die Weiterentwicklung dieser Strategie, indem im
  Falle der Nichtverfolgung der Lieferant bestraft wird. Diese Ab-
  wandlung zu »Zuckerbrot und Peitsche« gibt es ebenfalls auf Englisch (carrot and stick) und Französisch (la carotte ou le bâton).
  Übrigens spricht man in Italien über Salami statt Karotte. Bitte
  verwechsle es dort nicht mit der Salami-Taktik.
- Mein Tipp: Sei vorsichtig mit dem Zuckerbrot. Falls der Lieferant
  zustimmt, besteht das Risiko, dass er bei jedem nächsten Schritt
  ein neues Zuckerbrot erwartet. Damit wird die Fortführung im
  Sinne der Salami-Taktik schwieriger. Falls er nicht zustimmt, wird

seine Position gestärkt. Die Fortsetzung der Verhandlung mit deiner dominanten Strategie ist erschwert. Fazit: Diese Taktik ist zwar beliebt und wird häufig genutzt, aber meistens ohne eine tiefe Auseinandersetzung mit deren Folgen.

4. **Gandhi** (Spiel auf Zeit):
   - Diese Taktik leitet sich von Mahatma Gandhi ab, weil er mit dem Spiel auf Zeit im Sinne seiner »Satyagraha« (aktives, gewaltfreies Streben nach der Wahrheit) die Briten gezwungen hat, durch langsame Überfüllung der Gefängnisse mithilfe der Ablehnung des Fingerabdrucks bei der eingeführten Registrierung, das Gesetz sechs Jahre nach der Einführung zurückzunehmen.
   - Das Ziel der Gandhi-Verhandlungstaktik ist es, die Verhandlung »auszusitzen« und den Lieferanten in der Warteschleife zu halten, damit er gezielt unter Zeitdruck gerät. Der Zeitdruck kann mit unterschiedlichen Mitteln erzeugt werden, z. B. mit Stress wegen der Reiselogistik oder Müdigkeit oder schwache Nerven des Lieferanten(-teams), z. B. weil man sich im Kreis dreht (kommt häufig in China vor).
   - Diese Verlangsamung der Verhandlung kann sowohl ohne als auch mit einer Änderung der Agenda umgesetzt werden. Falls man die Agenda nicht ändert, zieht man die einzelnen Punkte einfach in die Länge. Dies kann ab einem bestimmten Zeitpunkt jedoch auffallen. Bei einer unerwarteten Änderung der Agenda, z. B. eine Werksführung oder eine Mahlzeit oder ein Vortrag, ist die Gandhi-Taktik schwer zu durchschauen.
   - Durch das Warten wird der Lieferant allmählich nervös und ist gezwungen, Zugeständnisse zu machen, da er den Drang verspürt, das Unternehmen zu verlassen und die Verhandlung abzuschließen (z. B. Abflug in drei Stunden)
   - Das Beispiel habe ich selbst erlebt: Der Lieferant weiß, dass es nach der Verhandlung am Freitag nur einen einzigen Nachtflug von Shanghai nach München gibt und der Käufer zuvor mitgeteilt hat, dass er am nächsten Tag den Hochzeitstag mit einem Konzertbesuch feiern wird. Es kommen mehrere nicht eingeplante Ereig-

nisse (Lunch, Werksführung, der CFO kommt etc.), der Lieferant wird während der Verhandlung immer nervöser. Schließlich hupt das Taxi, entweder fährt er jetzt oder er geht das Risiko ein, morgen nicht in München zu sein. Er unterschreibt die Konditionen, denen er unter anderen Umständen nie zugestimmt hätte.

5. **Leguan** (Unerwartete Lead-Übernahme):
   - Die Leguan-Taktik entspricht dem Bild, dass das Tier sich stundenlang nicht bewegt und in dem Augenblick, in dem die Mücke vorbeifliegt, sie mit seiner langen Zunge plötzlich in der Luft fängt. Er kommt plötzlich »aus dem Nichts« und wird zum Game Changer. Dieses Bild diente in einem Projekt als Leitbild für diese Taktik. Es ist aber leider nicht richtig, denn der grüne Leguan ist ein absoluter Pflanzenfresser. Die einzige Brücke stellen für uns die jungen Leguane, die manchmal Mücken fressen, dar. Das haben wir zu spät erfahren, da hatte sich diese Metapher bereits in einem Konzern zu weit verbreitet und wir wollten die Einkäufer mit der Umbenennung der Rolle nicht verunsichern. Also bleiben wir dabei, die Leguan-Taktik.
   - Der Käufer erweckt zunächst Desinteresse und Gleichgültigkeit, indem er nur wenige Bewegungen und Gefühle zeigt, und am besten nichts sagt.
   - Der Lieferant wird dazu verleitet, die Durchsetzungskraft des »Leguans« zu unterschätzen und bei seinem dynamischen Erwachen »seine Deckung fallen zu lassen«.
   - Dieses Verhalten ermöglicht es dem Einkäufer, zu beobachten und auf den richtigen Moment in der Verhandlung zu warten, um einzugreifen und unerwartet die Kontrolle zu übernehmen.
   - Diese Taktik wird selten eingesetzt, ist aber sehr wirkungsvoll. Ich empfehle sie sehr.
   - Mein Tipp: Setze – genauso wie beim Joker – eine hochkompetente, angesehene, dominante und charismatische Person als Leguan ein, denn die Aufgabe ist extrem anspruchsvoll und der Leguan-Angriff muss funktionieren. Ansonsten verliert das Team an Glaubwürdigkeit.

6. **Freund** (Fraternisierung):

- Bei dieser Taktik geht es um die Fraternisierung, also »sich anfreunden« bzw. »sich verbrüdern«, wenn dabei die ursprünglichen verfeindeten Positionen der Parteien, Armeen oder Unternehmen verlassen werden, um niedere Ziele zu erreichen. Da es abwegig ist, hat es meistens einen negativen Beigeschmack. Der deutsche Ausdruck leitet sich aus dem französischen *fraternité* (Brüderlichkeit) ab.
- Ziel dieser Taktik in der Verhandlung ist es, ein Gefühl der Verbundenheit mit dem Lieferanten zu schaffen. Sie appelliert an das Ehrgefühl des Lieferanten.
- Durch den vertraulichen Rahmen wird die Aussicht auf eine langfristige Zusammenarbeit suggeriert, ohne dass dieser Aspekt wirklich vertraglich festgelegt wird. Dank dieser Atmosphäre wird eine Einigung in der Regel schneller und einfacher erzielt.
- Mein Tipp: Wenn diese Taktik zum Einsatz kommt, muss sie authentisch, gern auch übertrieben umgesetzt werden. Am besten von einer Person, die dem Lieferanten am nächsten steht.

7. **Motzki** (der Meckerer):
   - Motzen heißt laut Duden »mit etwas nicht einverstanden sein und seinen Unmut darüber äußern, nörgelnd schimpfen«. Keiner verkörpert es so gut wie die Figur von Friedhelm Motzki aus Berlin Wedding in der 13-teiligen Fernsehserie »Motzki« aus dem Jahr 1993. Auf Englisch übersetzen wir die Taktik als Grumpy.
   - In einer Einkaufsverhandlung hat eine Person von Anfang an eine negative Einstellung, die durch Äußerungen und Gesten der Unzufriedenheit und Missbilligung zum Ausdruck gebracht wird.
   - Der Lieferant wird zu der Annahme veranlasst, dass kein oder nur geringes Interesse an den Verhandlungen besteht. Die Erwartungen des Lieferanten werden von Anfang an bewusst niedrig gehalten. Der Lieferant wird zunehmend verunsichert und fühlt sich zu hohen Zugeständnissen gedrängt.
   - Mein Tipp: Diese Taktik muss authentisch, gern auch übertrieben umgesetzt werden. Am besten von einer Person, die nicht angreifbar ist, z. B. vom Verhandlungsführer.
8. **Time pressure** (Zeit als Druckmittel):
   - Das Ziel dieser Taktik ist es, den Lieferanten unter Druck zu setzen und ihn zu verwirren. Durch die Verwirrung verliert der Lieferant einige Kostenpunkte in der vorgeschlagenen Preisgestaltung aus den Augen und trifft schließlich (aus seiner Sicht) »falsche« Entscheidungen oder gibt dem Wunsch des Käufers nach.
   - Das »Ticken der Uhr« (ausdrücklicher und wiederholter Hinweis auf das Verstreichen der Zeit oder eine Entscheidungsfrist) dient als Druckmittel, von dem der Einkäufer profitieren kann. Unter Zeitdruck neigt der Lieferant zu unüberlegten Entscheidungen: Seine Rationalität und Kalkulationsfähigkeit nehmen ab, die Folgen und Tragweite seiner Entscheidungen werden falsch eingeschätzt.
   - Ein Beispiel: Man vereinbart, dass wenn es nach zwei Stunden Verhandlungszeit keinen Fortschritt gibt, der Lieferant durch den Verhandlungsführer ein »Concession Sheet« (Einigungsdokument, Liste mit den Ergebnissen etc.) vorgelegt bekommt, in dem die 5 % Einsparungen vermerkt sind, und man sagt ihm, dass

er die nächste Stunde für die interne Abstimmung nutzen kann.
Falls er nicht zustimmt, wird es keine andere Einigung geben
können.

9. **Overrun** (das »Überfahren« des Lieferanten):
   - Overrun heißt, jemanden so unerwartet zu überfallen, dass er
     sich nicht wehren oder ausweichen kann. Der Lieferant wird mit
     einem völlig unerwarteten Schritt überrascht und verunsichert.
     Durch die Verwirrung verlässt er seine Position und trifft eine
     Entscheidung, mit der er dem Wunsch des Käufers nachgibt.
   - Im Gegensatz zu Time pressure, wo der Zeitdruck eine Rolle spielt,
     steht beim Overrun der Inhalt (eine Bedingung für den Rahmen-
     vertrag, eine LoI-Skizze etc.) im Vordergrund. Die Maßnahme etc.
     muss im Vorfeld mit den anderen Funktionen oder Entscheidern
     abgestimmt bzw. von ihnen freigegeben werden. Die Zeitkompo-
     nente ist meistens ein Teil dieser Taktik, oft als ergänzende Kom-
     ponente.
   - Es ist eine ziemlich harte Taktik, mit der eine Verhandlung be-
     schleunigt, aus einer Sackgasse wieder herausgeholt oder sogar
     vor der Niederlage gerettet werden kann. Für die Zielerreichung
     beim Einsatz dieser Taktik ist die Glaubwürdigkeit notwendig und
     dass der Vorschlag bzw. das Ziel erreichbar bleibt.
   - Ein Beispiel: Während einer Parallelverhandlung sagt man, dass
     alle anderen Lieferanten einem Zahlungsziel von 90 statt 30 Tagen
     zugestimmt haben. Oder mein persönliches Beispiel: Bei einem
     Schweizer Technologiekonzern haben wir ein DPO-Konzernpro-
     gramm gewonnen und wurden aufgefordert, gleich dem neuen
     Ziel zuzustimmen. Ähnlich bei einem europäischen Stahlkon-
     zern bei einer Projektvergabe, während in der Nachbarschaft ein
     DPO-Projekt am Laufen war.

10. **Brinkmanship** (»Spiel mit dem Feuer« oder »Spiel am Abgrund«):
    - Für die Kunst, Ende der 1930-er Jahre als jüdische Emigrantin in
      London zu überleben, prägte die deutsch-österreichische Schau-
      spielerin Hansi Burg ein eigenes Wort: »brinkmanship«, abge-
      leitet von der englischen Redewendung »on the brink«, d. h. »am

74

Rande des Abgrunds«. Berühmt wurde das Wort während des Kalten Krieges zwischen den USA und der Sowjetunion als Fähigkeit, bis zur Ultima Ratio zu gehen, um den Gegenspieler zum Nachgeben zu bewegen. Also sinnbildlich mit dem Gegenspieler zusammen bis zum Rand eines Abgrunds zu gehen, wodurch der Gegenspieler aus Angst vor dem gemeinsamen Absturz zum Nachgeben gebracht werden soll.

– Es ist die schwierigste und am seltensten eingesetzte Verhandlungstaktik. Es ist die Königsklasse der Verhandlungen. Warum? Weil sie mit riesigen kalkulierbaren und/oder unbekannten Konsequenzen verbunden und damit nur in Ausnahmefällen einsetzbar ist. Sie zielt darauf ab, den Lieferanten mit einer definitiven und eindeutigen »Nimm-es-oder-lass«-Forderung bis an die Grenze zu treiben. Wie am Poker- oder Roulettetisch setzt man alles ein und hofft, dass es funktioniert.

– Diese Taktik kann in den Fällen angewandt werden, in denen frühere Verhandlungen nicht erfolgreich abgeschlossen werden konnten oder um eine lange Reihe von Verhandlungen abzuschließen oder um sehr hohe oder sogar irrationale Zugeständnisse vom Lieferanten zu erreichen. Die geforderten Einsparungen oder Forderungen sollten sehr hoch sein, damit es sich lohnt, die Risiken einzugehen. Deshalb ist die Glaubwürdigkeit der Person aus dem Team, die im Mittelpunkt steht, sehr wichtig.

– Ein Beispiel, das ich nie vergessen werde: Die Spieltheorie hat uns nicht zum gewünschten Erfolg geführt, weil einer der Lieferanten bei einer Vergabe von 150 Mio. € das Geschäft, dem er vor Ort (im Stahlwerk) zustimmen sollte, nicht kannte und mit zu hohen Risikoaufschlägen nicht günstiger wurde als der bisherige, übersteuerte Lokalmatador. Es gab nur zwei Lieferanten, mit denen wir vier 60-min-Runden einer komplexen Verhandlung mit allen Finessen geplant haben: In der ersten Runde kam der CFO als Motzki/New Face, danach ein Entsandter des Vorstandes/New Face, danach wurde der Druck mithilfe des Hardliners gesteigert. Nachdem das alles nichts gebracht hatte, kam die letzte Runde, in welcher der CEO als New Face bis zur 12. Minute der Verhandlung nichts sagte (Leguan) und dann aufstand und sein (!) Team bat, den Raum zu verlassen (Brinkmanship). Wir haben wie geplant verwundert reagiert und sind mit hängenden Köpfen hinausgegangen. Zehn Minuten später kam er strahlend heraus, denn der Lieferant hatte dem Ziel aus der letzten Runde von 5% zugestimmt.

Die einzelnen Taktiken haben wir in einem eigenen NPC-Handbuch in einzelnen Steckbriefen im Detail systematisch und sehr präzise beschrieben. Ein Steckbrief enthält die Zielsetzung, eine genaue Beschreibung, die Anwendungsempfehlungen aus der Praxis sowie typische Einsatzbeispiele. Ziel dieses NPC-Handbuchs ist der konkrete Einsatz in der Praxis und bei den Trainings.

Ich empfehle, die Taktiken einzusetzen. Denn das kann ein Game Changer sein und es macht den Teammitgliedern einfach Spaß, ein ausgeklügeltes Verhandlungskonzept umzusetzen.

PSYCHOLOGIE

Und nun zu den psychologischen Erfolgsfaktoren, die jede Verhandlung stärker machen. Es sind zugleich meine Tipps, die auf jahrelanger Erfahrung basieren:

- **Mentale Einstellung**: Sie ist eine Mischung aus Kraft durch mentale Klarheit, Fokussierung und emotionale Energie. Ich liebe es, den Spirit in einem Einkaufsprojekt und bei den Einzelverhandlungen aufzubauen und die Teams direkt vor dem Verhandlungstermin zum »Glühen« zu bringen, damit sie über sich hinausgehen. Denke an den »Klopp-Effekt« beim BVB 2011–2012! Aber die Emotionen allein reichen nicht aus, deshalb erinnere dein Team an die Zielsetzung, an die Argumente sowie an deren Rollen und die Rückzugsstrategien. Lobe sie für die klasse Vorbereitung!
- **Erster Eindruck**: Er ist sehr wichtig, weil er die gesamte Linie der Verhandlung verankert. Tritt selbstsicher, jedoch nicht arrogant auf. Small Talk forever! Verzichte nicht auf den Händedruck, halte deine Körpersprache positiv, sei entspannt und witzig.
- **Ankereffekt**: Er beeindruckt stark. Mit diesem psychologischen Phänomen zeigst du den Weg auf. Zeige frühzeitig deine hohen Anforderungen auf, setze ein hohes Ziel und behalte ein dominantes Auftreten bei, um die Verhandlungen in die gewünschte Richtung zu lenken. Selbst wenn am Ende das Ziel unter dem MDO liegt, wird es damit oft höher sein, als wenn man mit einer moderaten Forderung angefangen hätte.
- **Framing**: Baue eine Schere auf zwischen der positiven Darstellung

deiner Angebote und Vorschläge im Gegensatz zu den negativen Konsequenzen, falls der Lieferant darauf nicht eingeht. Damit beeinflusst du die Entscheidungsfindung des Lieferanten.

- **Empathie:** Sei nett zum Lieferanten – unabhängig davon, wie hart deine Anforderungen und die Zielsetzung sind. Denke daran – du hast es mit einem Menschen zu tun, er saß Stunden im Auto und wird über Jahre dein Partner werden.
- **Aktives Zuhören:** Reagiere nicht nur negativ, falls der Lieferant deine Anforderungen nicht erfüllt, sondern versuche, neue Wege zu gehen. Höre dabei zu! Zu häufig konzentrieren sich die Einkäufer auf das, was sie wollen. Sei offen für Kompromisse. Paraphrasiere und spiegele den Lieferanten, um zu zeigen, dass du ihn verstanden hast.
- **Nonverbale Kommunikation und Mikrosignale:** Beobachte den Lieferanten ständig und unauffällig: seine Gestik und Mimik, die Hände und die Bewegung im Raum. Versuche, ihn zu beruhigen, wenn du merkst, dass er sich nicht wohlfühlt. Achte aber gleichzeitig darauf, deine nonverbalen Signale zu kontrollieren, um zusätzliche Signale zu senden.
- **Auffangnetz:** Falls du psychologische Barrieren wie Angst, Risikoaversion oder Voreingenommenheit gegenüber Veränderungen erkennst, überwinde sie mit der Strategie. Dafür entwickeln wir diese Strategien während der Vorbereitung auf die Verhandlung und während des Dry runs. Entwickle Win-win-Konstellationen und zeige dabei langfristige Vorteile und die Reduzierung der wahrgenommenen Risiken auf.
- **Pausen:** Unterbrechungen und Pausen in den Verhandlungen beeinflussen maßgeblich den Verhandlungserfolg. Lies dazu mehr in Kapitel 4. Nutze auch die Pausen, um den Druck zu erhöhen, die Lösungen aufzuzeigen und deine Position zu überdenken und anzupassen. Ein bewusster Einsatz von Pausen kann dazu führen, dass der Verhandlungspartner seine Strategie überdenkt und eher zu Zugeständnissen bereit ist.

Im Rahmen einer Verhandlung kann die Psychologie in zweierlei Hinsicht – intern und extern – zugunsten des erreichten Ergebnisses gezielt genutzt werden. Im Folgenden gehe ich nicht in die Tiefe der Psychologie-Lehre ein, um dich nicht zu verlieren. Daher benutze ich Verallgemeinerungen von Teammitgliedern zu Standardcharakteren (Löwe, Elefant etc.) nur in bestimmten Fällen, in denen es Sinn ergibt. Vielmehr konzentriere ich mich auf unsere Beobachtung von externen und internen psychologischen Elementen und worauf wir jahrelang in den tausenden Verhandlungen permanent geachtet haben.

Bei den **externen Elementen** geht es darum, den Lieferanten zu erreichen und zu beeinflussen, damit das beste Ergebnis erreicht wird. Dabei hilft die Psychologie, den psychologisch maximalen Druck aufzubauen. Auch wenn manche Spieltheoretiker behaupten, dass die Psychologie dort nichts verloren habe, sehe ich das anders. Der Aufbau der maximalen Wettbewerbssituation ist reinste Psychologie. Man benutzt dafür die Quantifizierung der Risiken, Monetarisierung und Eindimensionalität der Einflussfaktoren, Schätzung der Wahrscheinlichkeiten, Bewertung der Lieferanten etc.

Bei der Berücksichtigung der Psychologie im Umgang mit den Lieferanten sind folgende Fragen wichtig:

1. Wie baut die Psychologie auf den anderen Elementen in zuvor genannten Modulen (vor allem die Rollen und Taktiken) auf?
2. Gibt es besondere Verhaltensmuster auf der Lieferantenseite, auf die man sich vorbereiten muss?
3. Ist der Charakter eines Teammitglieds so komplex, dass ein Psychogramm erarbeitet werden muss?
4. Welche verbale und Körpersprache sowie Präsentationstechnik kommt zum Einsatz?

Bei den **internen Elementen** geht es darum, im Team alle psychologischen Fähigkeiten und Talente dafür zu nutzen, die maximale Glaubwürdigkeit als Basis für eine dominante Verhandlungsposition (unabhängig davon, ob sie sichtbar wird) zu erlangen:

1. Wer im Team passt für welche Rolle und Taktik am besten?
2. Falls es keine ausreichende Korrelation gibt, müssen die Teammitglieder ausgetauscht werden.
3. Passen die psychologischen Fähigkeiten zur Choreografie der Verhandlung?

Die **Glaubwürdigkeit** ist einer der wichtigsten psychologischen Einflussfaktoren während der Verhandlung, vielleicht der wichtigste überhaupt. Wie erreicht man maximale Glaubwürdigkeit? Es gibt viele Elemente, mit denen man die Glaubwürdigkeit steigern kann, z. B.:

- Übernimm die **Initiative** vom Anfang an – d.h. ab dem ersten Kontakt mit dem Lieferanten, bei dem es um die Verhandlung geht. Auch eine Save-the-Date-Mail ist ein erster Kontakt.
- **Transparenz**: Viele glauben, dass die Open-Book-Policy ein Erfolg in der Verhandlung ist. Ich möchte auf die Risiken hinweisen: Der Lieferant kann versteckte Gewinne (häufig viele kleine Positionen aufgeteilt auf die gesamte Kalkulationsstruktur) behalten, falls sie nicht erkannt werden. Und er macht den Einkäufer machtlos, wenn er dir erfolgreich beweist, dass deine Forderungen für ihn die Insolvenz bedeuten.
- Vorzeigen der **Beweise**, die konkret (Preisentwicklungsdiagramme, anonymisierte Gegenangebote etc.) oder »semi-konkret« (Schattenkalkulation etc.) sind.
- **Fakten schaffen**: Verschiebung des Einkaufsvolumens von dem betroffenen Lieferanten zu seinem Wettbewerber – entweder als umsetzbare Drohung oder bereits vor der Verhandlung angelaufene Pilotierung des Shiftings.
- **Zuverlässigkeit**: Nicht bluffen, crossfunktionale Absicherung der Drohungen und Strafmaßnahmen im Vorfeld, keine Fake-Teilnehmer bei den elektronischen Auktionen.

KONZEPT

In der Einführung zu diesem Kapitel habe ich erörtert, dass die acht NPC-Bausteine des »harten« Teils 1 (Motiv, Strategie, Target Setting und Argumentation) und des »soften« Teils 2 (Teamrollen, Taktiken, Psychologie und Konzept) aufeinander aufbauen und miteinander vernetzt sind. In der Praxis bewegt man sich entlang des »harten« Pfades: Motiv (generelle Richtung definieren) – Strategie (eine der drei Normstrategien festlegen) – Target Setting (die Variante wählen) – Argumentation (KPIs, Beweise, Gegenargumente), sammelt die notwendigen

Basisdaten (je nach Fall: RfI, RfP und RfQ) und nutzt ergänzend die passenden Varianten der Teamrollen, Taktiken und psychologischen Elemente, um ein Konzept zu entwickeln.

Das Konzept entsteht in zwei Schritten.

Grobkonzept

Im ersten Schritt müssen grundlegende strategische Eckpunkte definiert werden:

1. Verhandlung oder Vergabe?
2. Verhandlungsprozess: In wie vielen Schritten/Runden wird verhandelt?
3. Methode: Welche Methode kommt es zum Einsatz? Z. B. Parallelverhandlung oder eine elektronische Auktion?
4. Wie ist die Zusammensetzung des Verhandlungsteams inkl. Leader, crossfunktionalen Mitgliedern usw.?
5. Zeitplan: Wann startet der Prozess und wann findet die Verhandlung bzw. die Vergabe statt?
6. Gibt es entscheidende Rahmenbedingungen, z. B. Kommunikationskonzept, Sprache, Location, Einsatz der Quality Gates (s. u.), Vorverhandlungen?

Feinkonzept

Die Methodenauswahl richtet sich nach dem Gesamtbild, das bisher in den sieben Modulen erarbeitet wurde.

Die ausgewählte Methode muss auch mit der **Größe des Einkaufsvolumens** kompatibel sein und alle anderen individuellen Einflussfaktoren berücksichtigen. Die Orientierung an der Position in der ABC-Aufteilung des Einkaufsvolumens ist dabei sehr hilfreich. Für die ABC-Lieferanten gibt es zwar unterschiedliche Definitionen, die leicht voneinander abweichen, allerdings ist diese am weitesten verbreitet: Die A-Lieferanten machen 80 %, die B-Lieferanten 15 % und die C-Lieferanten 5 % des Einkaufsvolumens aus. Folgende Tendenzen gibt es:

1. Bei den **A-Lieferanten** werden meistens die besten Einkäufer und die höchste Kapazität eingesetzt, denn die erreichten Verhandlungsergebnisse beeinflussen maßgeblich das Einkaufsergebnis aus dem Material am Ende des Geschäftsjahres. Es lohnt sich also, bei den A-Lieferanten Zeit in die Vorbereitung und Durchführung der Verhandlungen zu investieren. Es ist ein perfektes Gebiet für den Einsatz der Spieltheorie bei den Vergaben. Der CPO eines der Produzenten der Nutzfahrzeuge sagt: »Für jedes Unternehmen ist der Einsatz der Spieltheorie ein wesentlicher Wettbewerbsvorteil.«

- Da die **B-Lieferanten** häufig im Schatten der A-Lieferanten bleiben, werden sie im Einkauf nicht mehr so »prominent« besetzt und Kapazitäten geringer allokiert. Die Erfahrung zeigt, dass es bei diesen Lieferanten das höchste prozentuale Einsparpotenzial gibt.

- Die **C-Lieferanten** stehen noch weniger im Fokus des Einkaufs. Das Ergebnis ist häufig eine fehlende Transparenz und verbreitetes Maverick Buying. Das Optimierungspotenzial liegt in der Automatisierung, der Bündelung und dem Outsourcing. Falls es nicht stattfindet, kann ein C-Lieferant per Chatbot mit der Erwartung kontaktiert werden, dass er sich auf die Verhandlung einlässt. Oder diese C-Lieferanten, für deren Einkaufsvolumen sich eine Verhandlungsvorbereitung und -durchführung nicht lohnt, können per Outsourcing doch wirtschaftlich verhandelt werden. Auf diesem Gebiet gibt es Near- und Offshoring oder professionelle Managed-Services-Lösungen, bei denen günstige Ressourcen zum Einsatz kommen.

Ab einer bestimmten **Wertgrenze** (z. B. 250 k€) oder **Anzahl der Lieferanten** (z. B. die Top 250 der Lieferanten) werden die Quality Gates eingesetzt, um den Fortschritt im Verhandlungsprozess der wichtigsten Lieferanten zu verfolgen. Bei den Quality Gates meldet der Negotiation Team Leader z. B.:

1. **Quality Gate 1** (der Start): Es sind mindestens zwei bis vier Monate Zeit (abhängig von der Notwendigkeit und Dauer des RfQ) bis zur Verhandlung vorhanden, das Team ist ernannt, die Lieferanten aus-

gewählt und der RfQ (falls erforderlich) kann starten, die Verhandlungs- bzw. Vergabetermine sind gesetzt.

2. **Quality Gate 2** (Entscheidung für die Verhandlung/NPC oder Vergabe/Spieltheorie): Mindestens ein Monat bis zum Verhandlungstermin, die Bewertung des Markts und Identifizierung der Risiken haben stattgefunden, die Prüfung der Lieferanten und Durchführung einer TCO-Analyse sind abgeschlossen, die Verhandlungs- bzw. Vergabe-Methode ist ausgewählt.

3. **Quality Gate 3** (»Readiness Check«): Die Anforderungen für den Methodeneinsatz sind erfüllt, der Dry run/die Simulation der Verhandlung oder Vergabe hat stattgefunden.

4. **Quality Gate 4** (Bewertung): Die Verhandlung/Vergabe hat stattgefunden, Zeit für die E-Mail an den Lieferanten, Dokumentation, die Einarbeitung der Ergebnisse in das ERP-System, Vergleich mit der Zielsetzung und Feedback-Runde mit dem Team sowie die Stakeholder-Info.

4

ABLAUF EINER EINZELVERHANDLUNG

———

Welche Phase entscheidet über den Erfolg einer Verhandlung? Die **Verhandlungsvorbereitung ist am wichtigsten** und hat den größten Einfluss auf das Ergebnis. Die Situation »Morgen um 9 Uhr kommt der Lieferant, lass uns um 8 Uhr in der Kaffeeküche treffen und die Strategie entwickeln« kommt zum Glück immer seltener vor. Bei einer sehr gut vorbereiteten Verhandlung geht es sogar so weit, dass die Position eines kurzfristig ausgefallenen Teammitglieds durch eine andere Person spontan übernommen werden kann, auch wenn das natürlich suboptimal ist.

D.h., falls jemand glaubt, dass die Verhandlung selbst entscheidend sei und dass es »auf die Tagesform ankommt«, irrt er sich. Eine gute Tagesform – bei der fehlenden Strategie oder einer falschen Zielsetzung oder den nicht abgestimmten Maßnahmenvorschlägen – hilft meistens nicht.

Die Verhandlungsnachbereitung war schon immer bedeutsam, sie hat nur die notwendige Priorisierung nicht ausreichend genossen. Das Ad-hoc-Teamfeedback direkt nach der Verhandlung, ein systematisch vorbereitetes bilaterales Feedback und ein Meeting zur Planung der

Maßnahmenverfolgung sind nach der Verhandlung genauso wichtig wie die langfristige Perspektive. Dazu zählt z. B. die Berücksichtigung des Feedbacks für einen Einkäufer in seiner Learning Journey als eine Entwicklungskomponente – optimalerweise verbunden mit den internen Trainings in der Procurement Academy, die Einbindung in ein Negotiation Center oder Center of Competence oder in ein Train-the-Trainer-, Coach-the-Coaches-Programm oder die Teilnahme an externen Trainingseinheiten. Lies dazu weiter in Kapitel »Verhandlungstraining«.

VERHANDLUNGSVORBEREITUNG

Die tatsächliche Vorbereitung (Strategie, Taktik, Hebel, Argumente) wurde in Kapitel 3 sehr umfangreich und detailliert dargestellt. In diesem Kapitel fokussiere ich mich deshalb auf die wichtigsten organisatorischen Aktivitäten, die mit der Vorbereitung, Durchführung und Nachbereitung einer einzelnen Verhandlung verbunden sind.

Es ist egal, ob die Verhandlung vor Ort, virtuell oder als eine elektronische Auktion stattfindet. Die Vorbereitung des Lieferantenkontakts muss auf deiner Seite perfekt sein, ansonsten verlierst du die Souveränität, setzt deine Punkte nicht durch und das Gleichgewicht in der Kräfteverteilung verschiebt sich zugunsten des Lieferanten. Das ist völlig unnötig, denn es kostet z. B. wertvolle Zeit, zu klären, warum der Lieferant nicht am Empfang in der Konferenzzone angemeldet wurde, oder die Verbindung zum Business Display nicht funktioniert. Dasselbe gilt für eine virtuelle Verhandlung oder eine Auktion. Mit dem Fokus auf die perfekte Vorbereitung verbesserst du das Ergebnis der Verhandlung.

Unterschätze die Beachtung aller Details nicht. Es ist zwar ein Handwerk, allerdings mit einer enormen Bedeutung von Details für das Endergebnis. Apropos Handwerk – die Verhandlung ist für mich die Verbindung des Handwerks mit der Kunst. Das Handwerk prägt die Vorbereitungsphase, die Kunst dagegen kann am wirkungsvollsten während der Verhandlung entfaltet werden. Dort braucht man die Kreativität, »Unkonventionalität«, schnelle Reaktionen und mutige Entscheidungen. Das fleißige Abarbeiten des vorbereiteten Plans reicht bei schwierigsten Verhandlungen nicht aus.

1. Phase: Lange Zeit vor der Verhandlung

Es gibt allgemeingültige Regeln bzgl. der Kontaktlogistik mit dem Lieferanten, die eingehalten werden sollten. Hier einige praktische Beispiele:

- **Kommunikationskonzept**: Der gesamte Verhandlungsprozess braucht unbedingt ein Kommunikationskonzept, das im Vorfeld entwickelt werden muss. Das Konzept baut auf vielen NPC-Bausteinen auf und vernetzt sie, z. B. das Motiv, die Strategie, das Target Setting, die Argumentation, die Psychologie usw. Es ist wichtig, dass alles im Vorfeld – vor dem ersten Kontakt mit dem Lieferanten – definiert wurde. Denn beim ersten Kontakt geht es z. B. um die Übernahme der Initiative, den Beginn des Aufbaus der Glaubwürdigkeit und Sicherung der dominanten Position (falls dies geplant ist). Auch wenn der erste Kontakt mit dem Lieferanten »nur« eine Save-the-Date-Mail oder eine einfache Einladung zur Verhandlung ist, das Kommunikationskonzept muss immer eingehalten werden.

- **Einladung:** Falls man einen Wunschtermin für die Verhandlung hat, muss er dem Lieferanten so schnell wie möglich mitgeteilt werden. Die Einladung muss konsistent sein zu vielen Elementen und Erfolgsfaktoren, auf denen das Kommunikationskonzept (s. o.) aufbaut. Wichtig bei der Einladung ist der Umgang mit der Mitteilung der Verhandlungszielsetzung. Am besten ist es, wenn sie bereits davor systematisch definiert wurde. Falls die Zielsetzung noch nicht feststeht, empfehle ich, im Text zu erwähnen, wann sie kommuniziert wird. Außerdem ist es wichtig, die erwarteten Teilnehmer (s. u.) zu nennen und eine Agenda mitzuschicken.

- **Teilnehmer**: Im Teilnehmerkreis muss der Entscheider dabei sein. Falls dieser beim gewünschten Verhandlungstermin nicht erscheinen kann, muss entweder eskaliert werden oder der Termin wird verschoben. Die Eskalation sieht so aus, dass man den eigenen Vorgesetzten, den Vorstand etc. einschaltet. Eine Entschuldigung mit der Folge einer Terminverschiebung kann nur in Ausnahmefällen akzeptiert werden, z. B. wenn der Entscheider zeitgleich auf Kreta wegen der Hochzeit seiner Tochter sein muss. Bei wichtigen Verhandlungen, die vor Ort stattfinden sollten, ist eine Verschiebung wirkungsvoller als der Umstieg auf eine virtuelle Verhandlung.

- **Vorverhandlungen**: Die Vorverhandlungen werden zu selten praktiziert, obwohl sie tatsächlich helfen, ein höheres Ergebnis zu erreichen. Dafür gibt es einige Gründe: (1) Der Lieferant ist mit der ersten Zusage psychologisch gesehen »gefangen«, (2) vielleicht kann er zwei Mal bis zu seinem Limit gehen und (3) dein Team wird für die Hauptverhandlung trainiert. Es gibt Unternehmen, bei denen die Vorverhandlung bei großen Verhandlungsvolumen und einer hohen strategischen Bedeutung ein verpflichtender Standard ist. So erinnere ich mich an die vielen Verhandlungen für einen großen nordamerikanischen Stahlproduzenten. Das Ergebnis war unübersehbar höher als bei den parallellaufenden, vergleichbaren Verhandlungen in anderen Projekten ohne Vorverhandlungen. Behalte es aber im Auge – der Aufwand für eine Vorverhandlung ist so hoch wie bei einer Hauptverhandlung.

- **Reiselogistik**: Die Adresse, die Anfahrtsskizze u. Ä. sollen an den Lieferanten geschickt werden. Wichtig ist dabei ein Hinweis auf wichtige Punkte, die vom Standard abweichen. Z. B. bei manchen Konzernen – insbesondere an den Produktionsstandorten der Pharma-, Chemie-, Automobil- und Stahl-Industrie – kann das Anmeldeverfahren bis zu 30 Minuten in Anspruch nehmen.
- **Infrastruktur**: Im Vorfeld muss der Raum gebucht, der Lieferant angemeldet, die Getränke und Verpflegung gesichert und der Weg für das Abholen und Zurückbringen des Lieferanten geplant werden.

2. Phase: 1 – 2 Tage vor der Verhandlung

- **Raumtechnik**: Es muss sichergestellt werden, dass die Internet- und die Verbindung zum Business Display funktioniert. Es sollte auch ein Test für firmenfremde Computer stattfinden. Wenn der Lieferant etwas zeigen will und es nicht funktioniert, kann das bis zu 15 Minuten kosten. Außerdem kommt der Lieferant nicht in die unangenehme Situation, etwas an den Kunden zu schicken, damit dieser für ihn präsentieren kann.
- **Raumausstattung**: Der Raum muss entsprechend dem NPC-Drehbuch und -Konzept konsistent vorbereitet werden. Wenn du vom Lieferanten hohe Preiszugeständnisse verlangst und das Drehbuch

auf der kritischen Ergebnissituation deines Unternehmens aufbaut, dann muss der Raum konsistent minimalistisch und sogar übertrieben sparsam wirken. Als Beispiel für »übertrieben sparsam« erinnere ich mich an die Fotos vom Besuch von Angela Merkel in Griechenland, als die beginnende Staatsschulden- und Strukturkrise im Jahr 2008 das Schicksal der Europäischen Union negativ zu beeinflussen drohte. Die Fotos zeigten u. a. eine Kaffee-Pumpkanne und Plastikbecher auf dem Tisch. Eine starke Strahlkraft!

- **Dry run:** Einen Dry run gibt es in zwei Varianten: (1) Als Simulation vor Ort, am besten in dem Raum, in dem die Verhandlung stattfindet, bzw. am Bildschirm bei einer virtuellen Verhandlung. Der Dry run kann wiederholt werden, wenn er nicht optimal gelaufen ist. Die andere Variante (2) entspricht einem »Stresstest«, bei dem das Team mit kritischen und unangenehmen Fragen konfrontiert wird. Beide Varianten verbessern die Performance enorm. Übrigens: In beiden Fällen sollte die Vorstellung des Teams unbedingt in den Dry run integriert werden, um sicherzustellen, dass sie im geplanten Zeitrahmen bleibt.

3. Phase: Am Tag der Verhandlung

- **Kleidung der Teammitglieder:** Was man anzieht, muss konsistent an das NPC-Drehbuch und das -Konzept für die geplante Verhandlung anpasst werden. Bei den Team-Rollen und -Taktiken, die mit der positiven Ausstrahlung in Richtung des Lieferanten (z. B. Freund oder Good Guy) verbunden sind, kann die Bekleidung leger sein. Falls die Team-Rollen und -Taktiken mit Härte verbunden sind (z. B. Controller, Hardliner oder Brinkmanship), empfehle ich einen Anzug mit einem Business-Hemd.

- **Ankunft der Lieferanten:** Falls es um anspruchsvolle Ziele und eine harte Verhandlung geht, ist ein leerer Parkplatz, auf dem der Lieferant parken muss – verbunden mit dem Hinweis auf die Kurzarbeit im Werk – sehr beeindruckend. Der Aufwand, um diesen Effekt zu erzielen, lohnt sich besonders bei Lieferantentag-Events mit integrierten Verhandlungen.

- **Abholen der Lieferanten**: Die Lieferanten werden immer abgeholt. Sie dürfen sich nie frei in deinem Betrieb bewegen. Zum Glück ist das bereits seit Jahren ein weit verbreiteter Industriestandard.

- **Der Weg bis zum Verhandlungsraum**: Falls es um anspruchsvolle Ziele und eine harte Verhandlung geht, ist ein Gang durch die leere Halle – verbunden mit dem Hinweis auf die verlagerte Produktionslinie – sehr eindrucksvoll. Ansonsten soll der Weg möglichst kurz gehalten werden, damit die wertvolle Verhandlungszeit nicht verloren geht. Andersherum wirken übervolle Läger und volle Produktionshallen kontraproduktiv, wenn man hohe Einsparungen aufgrund der schlechten Geschäftssituation erreichen will.

- **Tisch**: Normalerweise soll zuvor alles vom Tisch entfernt werden, falls davor eine andere Verhandlung stattgefunden hat. Aber ... es gibt auch Verhandlungen, bei denen eine maximale Wettbewerbssituation aufgebaut werden muss. In diesem Fall lasse ich genutzte

Tassen und Gläser stehen und räume sie mit dem Hinweis auf die spannende Verhandlung mit dem Wettbewerber vor den Augen des Lieferanten weg.

- **Sitzordnung**: Du bestimmst die Sitzordnung und instruierst die Mitarbeiter des Lieferanten, wo sie sich setzen sollen. Sie sitzen meistens mit dem Rücken zur Tür, damit du und dein Team als Erste seht, wer hereinkommt. Besonders praktisch ist das bei Parallelverhandlungen. Der Teamleader einer anderen parallellaufenden Verhandlung oder der Supervisor kann hereinkommen wollen, um dich oder sogar das ganze Team »herauszuwinken«, damit man sich bzgl. der aktuellen Ergebnisentwicklung und der weiteren Strategie abstimmen kann.
- **Auktionen**: Hier gelten zusätzlich andere Regeln, wie z. B. das Briefing der Lieferanten im Vorfeld, die Sicherstellung der ausreichenden Internet-Stärke, ein finales Info-Meeting deines Teams – optimalerweise mit einem Dry run als Test. Die Details werden in den Abschnitten »Auktionen« und »Deep dive: Einsatz der Spieltheorie« des Kapitels 2 beschrieben.
- **Virtuelle Verhandlungen**: Auch hier gelten weitere andere Regeln:
  - Wie bei den Auktionen (s. o.): Z. B. Sicherstellung der ausreichenden Internet-Stärke, finales Info-Meeting und ein Dry run.
  - Zu den wichtigsten spezifischen Erfolgsfaktoren, die das Erscheinungsbild auf dem Bildschirm betreffen, gehören z. B. günstige Lichtverhältnisse, ausreichende Beleuchtung des Gesichts, Kamera auf der Augenhöhe, optimale Entfernung zum Bildschirm und keine ablenkenden Bewegungen im Hintergrund (z. B. eine Katze), insbesondere falls sich die Teammitglieder aus dem Homeoffice einwählen. Häufig empfehle ich für die Verhandlungen und/oder für das Präsentieren das Stehen statt des Sitzens vor der eigenen Kamera. Bewege dich dabei nicht zu sehr.
  - In dem Fall der Einwahl der Teammitglieder von unterschiedlichen Standorten ist es wichtig, einen internen Kommunikationskanal, z. B. im Chat oder per SMS, aufzubauen, um den Nachteil durch die Separation während der Verhandlungen zu reduzieren.

- Die Unterbrechungen werden natürlich auch während den virtuellen Verhandlungen angewendet. Allerdings muss die Diskussion außerhalb des virtuellen Verhandlungsraums schneller stattfinden, weil die virtuellen Verhandlungen im Vergleich zu der Vor-Ort-Verhandlung tendenziell um 25–30 % kürzer dauern.
- Falls etwas präsentiert wird, müssen die Folien in Richtung der »amerikanischen Art« angepasst werden, d.h. plakativer, mehr Bildsprache, weniger Text, größere Schriftstärken.
- Es ergibt häufig Sinn, jemanden vom Top-Management zu einem Vortrag einzuladen. Falls die Person nicht kommen kann, bitte keine Video-Aufnahmen benutzen. Ein Liveauftritt von einer Führungskraft eine oder zwei Ebenen tiefer ist wirkungsvoller als ein nicht authentisch wirkender Vortrag »aus der Konserve«. Ich erinnere mich an so gut wie keinen Fall, bei dem der aufgezeichnete Vortrag ein Game Changer war. Die Vorstellung »Wir zeigen das Video mit dem CEO-Vortrag und fordern alle Lieferanten auf, die Preise um 5 % zu reduzieren« ist utopisch.

EINFLUSS DER LANDESSPEZIFISCHEN MENTALITÄTEN

Wie nicht anders zu erwarten ist, prägt die Mentalität eines Landes die Verhandlungen sehr. Interessant ist, dass der Small Talk in jedem Land eine hohe Bedeutung hat. Hättest du das als Leser auch so eingeschätzt?

China:

- Für die Chinesen ist die persönliche Verbindung und das Vertrauen wichtig. Dazu gehören: Ein Essen am Vorabend (häufig wie in Südkorea und Japan mit viel Alkohol – Ganbei!), Small Talk zu Beginn der Verhandlung, ein kleines Geschenk (Achtung auf Compliance) etc. Apropos Compliance: Teure Geschenke musst du höflich ablehnen.

- Die Sitzordnung ist wichtig: Am runden Tisch beim Abendessen sitzt die einladende Person exakt vis-à-vis der Tür. Hast du die chinesische Seite eingeladen, wird erwartet, dass du dich dort hinsetzt. Bei der Verhandlung am langen Tisch sitzen beide Seiten vis-à-vis und die wichtigste Person in der Mitte. Es geht von dort nach links und rechts entsprechend der abfallenden Rangordnung der anderen Personen.
- »Gesicht wahren« als Regel ist ein Muss! Meine Tipps: Konfrontationen vermeiden, nach Kompromissen suchen und über andere im chinesischen Team die unbequemen Botschaften an den Leader über ein Teammitglied ausrichten lassen.
- Meine negative Erfahrung: Die Verhandlungen können nervig sein, da die chinesischen Verhandlungspartner gern »im Kreis« verhandeln, nach dem Motto »Gehe zurück auf Los«. Lass dich dadurch nicht verunsichern oder provozieren.

Japan:

- Die persönlichen Beziehungen sind sehr wichtig. Für den Aufbau soll jede Chance genutzt werden: im gesamten Verhandlungsvorbereitungsprozess, beim Essen am Vorabend, während der Werksführung, in den Verhandlungspausen etc.
- Wie in allen anderen Bereichen ist die Hierarchie auch bei den Verhandlungen sehr sichtbar.
- Wichtig dabei sind die Höflichkeit und der Respekt. Auch das »Gesicht wahren« (wie in China) hat eine große Bedeutung.
- Mein Tipp: Es ist sehr ausgeprägt, dass die Entscheidungen meistens in Gruppen getroffen werden. Man kann den Aufbau des Gruppenkonsens vorsichtig unterstützen, indem man während der Verhandlung eine gemeinsame Zustimmung der Teammitglieder auf der Lieferantenseite nutzt, entweder verbal oder über den Augenkontakt.

Deutschland, Schweiz und Österreich:

- Die Verhandlungen in Deutschland sind meistens formell und gut strukturiert. Pünktlichkeit, Korrektheit und Zuverlässigkeit werden meistens geschätzt. Dazu gehören auch die Effizienz, »auf den Punkt kommen«, klare Kommunikation und eine rationale Argumentation mit dem Fokus auf Fakten und Daten.
- Es wird erwartet, dass beide Seiten hart verhandeln, um die besten Bedingungen zu erreichen. Achte dabei darauf, dass auch während der härtesten Verhandlung der Ton freundlich bleibt. Die Härte darf nicht proportional zur Lautstärke sein.

Indien:

- Der Gandhi-Einfluss ist gegenwärtig und in vielen Ausprägungen sichtbar: Die langfristige und persönliche Beziehung, der gegenseitige Respekt, die Betrachtung der Verhandlung als einen langsamen, schrittweisen Prozess. Da es einige Zeit dauern kann, bis das Vertrauen aufgebaut ist, musst du geduldig bleiben, entspannt wirken und immer wieder Flexibilität zeigen.
- Meine negative Erfahrung: In vielen Verhandlungen habe ich eine beinahe unrealistische Erwartungshaltung auf der Lieferantenseite erlebt. Das hat mit der Mentalität zu tun, denn die Verhandlung findet meistens in einer freundlichen Atmosphäre statt..

Frankreich, Spanien, Italien, Brasilien:

- Die Verhandlungen in Frankreich sind manchmal unnötig komplex, häufig sehr individuell und überraschend erfrischend kreativ. So wie die Mentalität auch. Dementsprechend – wie es nicht anders zu erwarten war – sind die Verhandlungen stärker durch Emotionalität und Leidenschaft geprägt als in den meisten anderen Ländern. Deshalb werden persönliche Interaktionen großgeschrieben. Man schätzt es sehr, genauso auch die Flexibilität, von der Agenda abzuweichen, wenn es notwendig ist.

- Trotzdem wird auf der anderen Seite erwartet, dass Verhandler klare Argumente präsentieren und ihre Positionen konsequent vertreten. Gleichzeitig sind Höflichkeit und Respekt wichtig.
- Die Verhandlungen sind von persönlichen Faktoren geprägt, z. B. im Small Talk die Netzwerk-Geschichten zu erzählen, bevor man mit dem Business beginnt. Es ist wichtig, sich Zeit zu nehmen, um Beziehungen aufzubauen und Vertrauen zu gewinnen.

USA:

- Die Verhandlungen sollten direkt und effizient ablaufen. »Time is money«.
- Der warme Small Talk beim Opening ist wichtig. Danach geht es über in die Verhandlung, die unbedingt im respektvollen Ton durchgeführt wird, da die Amerikaner Höflichkeit und Professionalität schätzen.

UK:

- Wie die Briten, so auch die Verhandlungen. Höflichkeit, Verbindlichkeit, Distanz, Professionalität und viel, viel Respekt. In diesem Rahmen darf auch die direkte Kommunikation stattfinden, die sehr geschätzt wird.
- Und natürlich steht die Pünktlichkeit im Vordergrund. Deshalb ist die Zusendung der Agenda vor und das Zeitmanagement nach der Verhandlung wichtig.
- Eine Besonderheit ist die Suche nach Win-win-Lösungen.

Australien, Kanada, Südafrika:

- Hier gibt es viele Ähnlichkeiten zu UK.
- Australien und Kanada: Hier spiegelt sich zusätzlich die Mentalität in den Verhandlungen mit der Lockerheit, Ehrlichkeit, Offenheit, direkter Kommunikation sowie dem Vorleben eines gesunden Pragmatismus wider. Und wie auch in anderen Ländern ist Small Talk wichtig.

- Südafrika: Hier ist es außerdem wichtig, kulturelle Hintergründe zu berücksichtigen und Sensibilität zu zeigen.

Russland:

- Ich sehe die Verhandlungen ambivalent. Auf der einen Seite gibt es eine völlig überzogene Hierarchie und ein endloser Formalismus. Es geht so weit, dass man z. B. die offiziellen Berechtigungen für die Verhandlungen austauscht. Auf der anderen Seite sind die Menschen sehr herzlich und erwarten diese Wärme auch von dem Verhandlungspartner sowie Respekt gegenüber älteren Personen. So spielt auch Small Talk, direkte Kommunikation und eine offene Auseinandersetzung über die Bedingungen in der Verhandlung eine wichtige Rolle.
- Eine Diskussion über die Politik unbedingt meiden. Du kannst damit den Partner nicht nur in Bedrängnis, sondern in Gefahr bringen.

Südkorea:

- Interessanterweise haben die Verhandlungen in Südkorea einige Ähnlichkeiten zu Russland, z. B. die Bedeutung der Hierarchie und Formalitäten sowie Respekt gegenüber älteren Personen. Außerdem sind wie in anderen Ländern die persönliche Beziehung und der Small Talk von großer Bedeutung.
- Stärker ausgeprägt ist die Wichtigkeit von Geduld, Ausdauer und einem langsamen Verhandlungsprozess in Schritten.

VERHANDLUNGSDURCHFÜHRUNG

- **Verhandlungsdauer:** Die Standardzeit liegt bei 90 bis 120 Minuten. Aber das ist »nur« die Spitze der Gaußschen Verteilung. Links in Richtung der kürzeren Zeiten liegen ultrakurze Express-Verhandlungen à la Speed Dating mit einer Dauer von 30 Minuten und rechts in Richtung der kürzeren Zeiten die hochkomplexen Verhandlungsmarathons. Hier einige Beispiele, die mir im Gedächtnis geblieben sind:

– Eine Verhandlung der Temporary Labor Services für elf Länder einzeln nacheinander innerhalb von zwei Tagen für einen Technologiekonzern mit Hauptsitz in der Schweiz.

– Eine dreitägige Vor-Ort-Verhandlung der Conductors mit sechs chinesischen Unternehmen auf der Produktebene – eine Produktfamilie nach der anderen, für einen Elektrokonzern mit Hauptsitz in Deutschland.

– Eine ganztägige Verhandlung der Schienenschwellen für eine europäische Bahn, wobei ein Mix von mehreren regionalen Zentren der Entwicklung der Lieferantenangebote nacheinander immer wieder in den Verhandlungspausen angepasst werden musste.

- **Agenda**: Ob die Agenda dem Lieferanten im Vorfeld geschickt wird, entscheidet man individuell. Meistens ist das der Fall. Hier die wichtigsten Punkte zu diesem Thema:

– Zunächst das **Warm-up**: In dieser Phase bitte keinen Kommunikationsstillstand zulassen. Aber auch aufpassen, dass der geübte Vertriebsleiter nicht bewusst überzieht, um die Zeit zu »klauen«. Ich gehe spätestens nach ca. drei Minuten zur Vorstellung über. Falls es länger als fünf Minuten dauert, empfehle ich, zu unterbrechen. Es ist von großem Vorteil, wenn man es schon schafft, hier eine inhaltliche Brücke zur Verhandlung aufzubauen. Bei einer bilateralen Verhandlung könnte es die Frage sein, wie sie die aktuelle Inflations- oder Index-Entwicklung sehen. Falls davor jemand vom Vorstand (bei einer Parallelverhandlung oder einem Lieferantentag) eine Rede gehalten hat, frage den Lieferanten, wie sie angekommen ist. Falls es eine Vorverhandlung gegeben hat, frage z. B. wie der Lieferant sie in Erinnerung behalten hat.

Mein Tipp: Falls ein junger Einkäufer aus Höflichkeit einen älteren Vertriebsmann nicht unterbrechen will, sollte es jemand aus dem Team diskret tun.

- Danach die **Vorstellung**. Sie sollte möglichst kurz sein, maximal zwei bis drei Sätze mit dem Hervorheben der Inhalte, die wichtig sind. Ich habe schon Verhandlungen erlebt, bei denen die Vorstellung 10–15 Minuten oder sogar länger gedauert hat.

Mein Tipp: Um die Überlänge zu verhindern, entweder selbst ultrakurz anfangen oder – besser, weil höflicher – die Gäste bitten, »sich selbst in zwei bis drei Sätzen vorzustellen«. Und: Achte auf Vertriebsprofis, die »Hobby-Artisten« in der Verlängerung des Warm-ups und der Vorstellung sind. Falls der Lieferant überraschend vorschlägt, etwas zu präsentieren, bitte davor unbedingt höflich fragen, wie viele Folien und welche Länge er geplant hat. Ich beschränke die Zeit von nicht zuvor gemeldeten Präsentationen des Lieferanten auf max. fünf bis zehn Minuten.

- Ab jetzt wird's **individuell**. Ich bevorzuge die Variante, zuerst den Lieferanten zu fragen, welche Preisreduzierung (oder andere Zielvorgabe) er mitgebracht hat. Falls es keine gibt oder der Vorschlag überrascht, unterbreche ich immer die Verhandlung und verlasse den Raum mit dem Team. Danach gibt es Feedback und die Frage, ob der Lieferant die Maßnahmenvorschläge, um die er gebeten wurde, mitgebracht hat, wie es gewünscht war. Falls es keine oder zu wenige gibt, folgt das gleiche Ritual mit der Unterbrechung. Mehr zu den Unterbrechung s. u.

- Die Verhandlung muss mit einem klaren **Abschluss** in Form eines unterschriebenen Concession Sheet oder in einem anderen Format beendet werden. Es folgt dann ein verbaler Ausblick auf die nächsten Schritte und die Frage, ob der Lieferant das genauso sieht.

- Der Weg zurück, wenn du den Lieferanten zum Ausgang begleitest (unbedingt nie allein gehen lassen), kann die Situation für vertrauliche, bilaterale Fragen oder das Platzieren von wichtigen Botschaften bei dem Teamleiter des Lieferanten genutzt werden.

- **Unterbrechungen**: Ich liebe Unterbrechungen, sie werden viel zu selten genutzt. Hier einiges zur praktischen Anwendung:
  - Eine Unterbrechung ist ein **taktisch wichtiges Element** einer Verhandlung. Es wird tendenziell zu selten unterbrochen, obwohl es viele Vorteile hat: Die Unterbrechung nimmt den Druck von jedem Teammitglied, sofort zu antworten, wenn man unsicher ist, und ermöglicht, den Strategiewechsel proaktiv draußen zu diskutieren. Außerdem kann man eine Verhandlung unterbrechen, um den Druck zu erhöhen.
  - Ein unvergessliches Beispiel ist meine erste Unterbrechung vor sehr vielen Jahren während der Verhandlung mit einem Produzenten der Schienensysteme für die Schaltschränke von unserem Kunden. Wir haben dem Lieferanten nachgewiesen, dass die Preise von seinem amerikanischen Wettbewerber um 22 % geringer sind. Nachdem er sich damit nicht auseinandersetzen wollte, habe ich eine Unterbrechung vorgeschlagen. Wir sind mit der verantwortlichen Einkäuferin herausgegangen, um zu beraten, was wir tun sollen. Als wir zurückgekommen sind und bevor sie ihm unser Feedback mitgeteilt hat, sagte der Lieferant »O. k.!«. Wir fragten, was er meint. Er sagte, dass er mit 22 % weniger einver-

standen ist. Es gab bei uns nicht nur Freude, sondern auch den berühmten Wermutstropfen, denn das Ergebnis hat gezeigt, mit welcher Marge in den Jahren zuvor geliefert wurde.

- Wie unterbricht man? Jedes Teammitglied kann verbal oder mit einem Zeichen darum bitten. Dann verlässt das gesamte Team den Raum und die Lieferantenmitarbeiter bleiben im Raum.
- Sollte der Lieferant auf die Idee kommen, zu unterbrechen, oder den Vorgesetzten wegen einer Freigabe anrufen zu wollen, dann verlässt du mit deinem Team den Verhandlungsraum. Der Lieferant darf sich nicht außerhalb des Verhandlungsraums bewegen.
- Mein Tipp: Meine Erfahrung ist, dass den meisten Einkäufern die Wirkung einer Unterbrechung nicht bekannt ist, oder sie trauen sich nicht. Deshalb: Unterbrich, um es zu trainieren, und dann

wende es gekonnt und gezielt ein. Beachte bitte, dass jede Unterbrechung Zeit kostet. Falls fünf Mal unterbrochen wird (mein Rekord), muss man während der verkürzten Verhandlungszeit »Gas geben«.

VERHANDLUNGSNACHBEREITUNG

Die Nachbereitung einer Verhandlung wurde früher zu häufig vernachlässigt. Aktuell gewinnt dieser Schritt an Bedeutung, denn die Zufriedenheit der Mitarbeiter nach den Verhandlungen und deren Weiterentwicklung hilft, sie zu halten und dafür zu begeistern, noch besser zu werden.

- **Direkt nach der Verhandlung:**
  - Zunächst findet die Gruppenfeedback-Runde mit dem Team mit der Abfrage statt, wie sich alle fühlen, erst dann, ob man mit dem Ergebnis zufrieden ist. Häufig ist man direkt nach der Verhandlung noch »on fire« und beurteilt das Ergebnis negativer, als es ist.
  - Danach prüft man die Maßnahmenliste bzgl. der Vollständigkeit und bespricht die nächsten Schritte.
  - Es muss beschlossen werden, wer was an den Lieferanten schreibt und wie es weitergeht.
- **Am Tag danach:**
  - Eine Dankeschön-Mail an den Lieferanten ist Pflicht. Das hat mehrere Gründe. Der wichtigste ist das Behalten der Initiative. Nicht nur für die folgenden Schritte bis zum vollständigen Abschluss der Verhandlung, sondern es geht jetzt schon um die Sicherung der strategisch dominanten Position für die nächste Jahrespreisverhandlung.
  - Das Ergebnis muss dem erweiterten Team und dem Schnittstellenpartner mitgeteilt werden. Es ist auch sinnvoll, andere Ein-

käufer zu informieren, falls sie das für ihre Verhandlungen nutzen können.
- Die neuen Preise müssen in das ERP-System eingepflegt werden.
- **Später:**
  - Manche Unternehmen auditieren die Verhandlungen, um dabei zu lernen und besser zu werden. So haben wir bei einem nordamerikanischen Aluminiumhersteller in einem Programm 106 Lieferantentage mit den integrierten Verhandlungen durchgeführt. Jedes Event wurde nicht nur hinsichtlich des Ergebnisses, sondern vor allem wegen der Vorbereitungsqualität geprüft. Die Auditergebnisse dienten als Basis für die Herleitung des Entwicklungspfades für die Abteilung und die Einkäufer selbst.

5
ERGÄNZENDE VERHANDLUNGSELEMENTE

———

Da bei den meisten Verhandlungen eine Preisreduzierung im Vordergrund steht, empfehle ich nun, die Aufmerksamkeit auf die wichtigsten Elemente zu richten, die mit der Preisreduzierung in direktem Zusammenhang stehen. Dazu gehört die Wirksamkeit der Einsparungen, der Umgang mit den Zahlungszielen und den Risiken, die Vertragsgestaltung inkl. Lizenzen sowie die Integration der Nachhaltigkeit. Da das Thema den Rahmen sprengen würde, muss ich leider auf den Tiefgang bei anderen Elementen wie z. B. der Logistik-/Qualitätsvereinbarungen, Währung, Lizenzen, Zölle, Vertragsstrafen verzichten.

WIRKSAMKEIT DER EINSPARUNGEN

Es war Mitte November als mich eine Einkaufschefin angerufen hat, zu der mich seit Jahren eine freundschaftliche Beziehung verbindet. »Jacek, ich brauche noch 30 Mio. $ EBIT aus Einsparungen, unbedingt wirksam in diesem Jahr!« Ich sagte: »Keine Chance.« Sie erwiderte: »Wieso?

Ich habe doch 3 Mrd. $ Spend. Es ist doch nur 1 %.« Es war klar, es ging um die Wirksamkeit, hier musste ich ins Detail gehen: »Um 30 Mio. $ zu erreichen, brauchst du z. B. bei 5 % Einsparungen 600 Mio. $ als verhandelbares Einkaufsvolumen und wenn du siehst, dass es nur noch vier Wochen Wirksamkeit gibt, musst du es mit zwölf multiplizieren, denn du hast ja nur 1/12 der Wirksamkeit. Damit kommst du auf 7,2 Mrd. $, die du nicht hast. Wegen der Wirksamkeit müssen wir nächstes Mal früher darüber sprechen.« Ich habe darauf verzichtet, zu erwähnen, dass 50 % von ihrem Einkaufsvolumen mit den anderen Divisionen gebündelt ist und es Monate dauert, bis die Abstimmung stattgefunden hat und der Rest größtenteils bereits verhandelt oder als Projekte vergeben oder einen hohen Anteil von Einmal- oder kleinen Lieferanten enthält.

Diskussionen über die Wirksamkeit der Einsparungen habe ich in der Vergangenheit häufig mit vielen Kunden während der Präsentationen der Angebote geführt. Sie haben danach die Zusammenhänge zwischen der Projektdauer, der verbleibenden Zeit im gleichen Jahr und der Wirksamkeit der geplanten Einsparungen sehr gut einschätzen können. Häufig wurden sie dabei desillusioniert, als ihnen klar wurde, dass sie die gewünschte Einsparung zwar erreicht haben, jedoch diese nicht zu 100 % im gleichen Jahr wirksam wird. Ich weiß, dass unser Wettbewerb häufig viel höhere Einsparungen verspricht, und zwar ohne Rücksicht darauf, dass die Wirksamkeit jeder Maßnahme mit dem Härtegrad 5 beginnt, zwölf Monate lang dauert und erst nach einer bestimmten Zeit nach dem Projektstart beginnt.

Was bedeutet »bestimmte Zeit nach dem Projektstart«? In einem Projekt zur Materialkostensenkung erreichen die ersten Maßnahmen den Härtegrad 5 (s. u.) meistens nach vier bis sechs Wochen und die letzten erst nach dem Projektende. Es handelt sich um eine Gaußsche Verteilung mit der Spitze der Wirksamkeit meist nach ¾ der Projektlaufzeit. Je nach der Materialgruppen-Struktur, die durch Verhandlungen erfasst wird, der Geschäftsart und dem individuellen Business-Umfeld kann sie jedoch die Wirksamkeit nach vorne oder hinten verschieben.

Es gibt auch die Möglichkeit der Verschiebung in die andere Richtung, d. h. einer **Beschleunigung der Realisierbarkeit der Maßnahmen**, wenn ein Projekt unter dem Druck einer sofortigen Wirksamkeit startet. Dies sind z. B. Anfang des Jahres, also zu spät, gestartete Projekte, bei denen es nur (oder fast nur) auf die Wirksamkeit im gleichen Geschäftsjahr ankommt. In solchen Fällen wird ein Projekt in seiner Struktur »um 90° gedreht«, d. h., man versucht möglichst viele Materialgruppen parallel zu starten. Es müssen alle großen Materialgruppen und alle großen Lieferanten dabei sein. Darüber hinaus verschickt man gleich beim Start des Projekts die Save-the-Date-Mails für die Verhandlungstermine, damit die sogenannte Rückwirksamkeit erreicht wird. Beispiel: Eine Save-the-Date-Mail wird Anfang Februar mit der Einladung zur Verhandlung und dem Hinweis auf die Verhandlung der Jahrespreise seit dem 1. Januar des Jahres versendet. Ab ca. Mitte März funktioniert diese Technik aber nicht mehr, die Lieferanten lehnen dann meist logischerweise eine Rückwirksamkeit ab.

Um die Wirksamkeit zu erläutern, muss ich in zwei Aspekte tiefer »eintauchen«:

1. Härtegrad-Systematik

- Die Härtegrad-Systematik entstand Anfang der 1990er-Jahre. Seitdem hat sich die Härtegrad-Systematik (oder englisch »Degree of Implementation«, DI) als Standard etabliert. Diese Systematik kann sowohl auf der Kosten- als auch auf der Sales-Seite und auch im Projektmanagement wichtiger Entwicklungs- oder Erweiterungsprojekte angewendet werden.
- Bei Industrieunternehmen werden in dieser Systematik am häufigsten fünf Härtegrade genutzt. Ich habe aber auch schon vier und sechs gesehen. Übrigens: Sie heißen nicht immer Härtegrade bzw. Degree of Implementation.
- Die aus meiner Sicht beste Definition der Härtegrade:
  - **Härtegrad 1** heißt, dass es eine Idee mit finanziellem Potenzial gibt. Z. B.: »Wir suchen einen neuen kostengünstigeren Lieferanten in Rumänien.«

- **Härtegrad 2** wird erreicht, nachdem dass das Potenzial quantifiziert wurde. Z. B.: »Es gibt verifizierte und vergleichbare Angebote – wir erwarten eine 15 %ige Preisreduzierung.«
- **Härtegrad 3** heißt, dass eine Organisation einverstanden ist, die Maßnahme umzusetzen, und eine Quantifizierung auf Total-Cost-Basis erfolgt ist. Häufig werden alle relevanten Details in einem Maßnahmenblatt festgehalten, das von einem verantwortlichen »Realisierer« unterschrieben wird.
- **Härtegrad 4** bedeutet, dass alle Voraussetzungen erreicht wurden, aber die Maßnahme noch nicht wirkt. Z. B. müssen erst bestehende Lagerbestände abgebaut werden oder es fehlen noch Prüfungen und Freigaben. Dann wird der Härtegrad 5 erst nach Abschluss erforderlicher Vorarbeiten erreicht. So lange bleibt eine Maßnahme auf dem Härtegrad 4.

- **Härtegrad 5** heißt, dass die Maßnahme »wirksam« ist. Was »wirksam« bedeutet, definiert meist das Controlling in Abstimmung mit dem CFO. Oder umgekehrt. Die am weitesten verbreitete Variante ist, dass der Härtegrad 5 mit der ersten Bestellung mit den neuen Konditionen beginnt. Es gibt auch Varianten, bei denen die Messlatte höher hängt. So z. B. wird der Härtegrad 5 erst beim Eingang der Lieferung auf dem neuen Preisniveau, bei der Auslieferung an den Kunden, bei der Rechnungstellung oder sogar bei der Bezahlung der Rechnung wirksam. Die zuletzt genannten Varianten lieben Einkäufer verständlicherweise nicht.

- Die EBIT-Wirkung einer Maßnahme kann auf zwei oder mehr Härtegrade aufgeteilt werden, falls sie zu unterschiedlichen Zeitpunkten den Härtegrad 5 erreicht. Z. B. wenn der Lieferant sagt »5 % Preisreduzierung ab sofort und 3 % zum 1. Juli« heißt: 5 % als Härtegrad 5 ab morgen (falls es bestellt wird) und 3 % im Härtegrad 4 auf dasselbe Volumen zum 1. Juli.

2. Dauer der Wirksamkeit und Zuordnung zu einem Finanzjahr

- Eine Maßnahme wirkt zwölf Monate ab dem Tag, an dem sie den Härtegrad 5 erreicht hat.

- Sie kann einem Finanzjahr nur dann zu 100 % angerechnet werden, wenn sie exakt am ersten Tag des Finanzjahres den vollen Umfang im Härtegrad 5 erreicht hat. Ein Beispiel: Erreicht die Maßnahme den Härtegrad 5 einen Monat nach dem Start des Finanzjahres, gibt es 11/12 Wirkung der Einsparung im gleichen FY und 1/12 werden im folgenden FY wirksam. Eine Ausnahme bilden die Projekte, die an dem Tag, an dem sie komplett an den Lieferanten vergeben werden, auf einmal den Härtegrad 5 erreichen.

- Falls es eine Investition gibt, um die Maßnahme zu realisieren, wird die Bruttoeinsparung auf das Niveau einer Nettoeinsparung innerhalb der Wirksamkeit der Maßnahme von zwölf Monaten reduziert. Diese Differenz zwischen Brutto und Netto gilt innerhalb der darauffolgenden zwölf Monate als Einsparung. Z. B. beträgt die Einsparung

1 Mio. € und die notwendige Investition liegt bei 400 k€ – dann werden 600 k€ in diesem und 400 k€ im nächsten Finanzjahr wirksam. Die Investition wird bei der Berechnung der Wirksamkeit dann wie eine Abschreibung behandelt und entsprechend über einen definierten Zeitraum verteilt. Zu diesen Investitionen zählen z. B. die Anschaffung neuer Werkzeuge oder Maschinen, externe F&E-Aufwendungen und Umbauten.

Aber: Frage dazu am besten deinen Controller, welche Regeln es im Unternehmen gibt, ob es Ausnahmen gibt und ob die aktuelle Gesetzgebung zu berücksichtigen ist (z. B. bei Bilanzierungsregeln oder Abschreibungen).

LIQUIDITÄT

Im **Working Capital Management** gelten Debitoren-, Kreditorenlaufzeit und Lagervolumina bzw. -dauer als zentrale Kennzahlen. Die Liquidität kann also mit der Verlängerung der Zahlungsziele und Reduzierung der Frequenz von Zahlungsläufen auf der Lieferantenseite, mit der Reduzierung der Bestände und mit der Verkürzung der Zahlungsziele auf der Kundenseite verbessert werden. Als übliche Messzahlen gelten dabei DPO (Days Payable Outstanding), DIO (Days Inventory Outstanding) und DSO (Days Sales Outstanding).

In diesem Buch konzentriere ich mich auf den Einkauf, also damit auch auf DPO, Zahlungsziele, -läufe und das Skonto. Das klingt wie eine Einschränkung, kann aber in Wirklichkeit einen gewaltigen Beitrag für die Geschäftsentwicklung bedeuten. So haben wir in einem Projekt die Zahlungsziele eines Technologiekonzerns mit einem Einkaufsvolumen weltweit von 15 Mrd. $ so erhöht, dass eine Milliarde Cash Release erreicht wurde. Dafür kann ein neues Unternehmen gekauft werden.

Das **Zahlungsziel** ist die vertraglich vereinbarte Zahlungsfrist, also die Anzahl der Tage zwischen dem Rechnungseingang und der vertragsgemäßen Zahlung der Rechnung an den Lieferanten. Die Definition beider Begriffe »Rechnungseingang« und der »Bezahlung der Rechnung« kann vom Unternehmen zu Unternehmen leicht abweichen. So kann es z. B. sein, dass eine Rechnung an einem Tag als »eingegangen« gilt, obwohl sie schon seit bis zu zwei Tagen im Haus ist. Bei der Bezahlung gibt es häufig noch vertragliche Regelungen zu Zahlungsläufen, bestimmten Tagen für diese Zahlungsläufe und Sonderregelungen wie z. B. »End of Month« (EOM)- oder »End of Accumulation Period« (EOAP)-Zahlungen.

Ein Zahlungsziel kann ein Unternehmen zwar individuell festlegen, allerdings sind einige »Leitplanken« zu beachten. Am wichtigsten ist die Abhängigkeit der Zahlungsziele von der Gesetzgebung in einem Land. Unten blicke ich zurück auf einige Regionen und deren Situation in der Vergangenheit. Schaue dir vor jeder Verhandlung den aktuellen Stand an und kontaktiere einen Fachrechtsanwalt.

- **EU-Länder:** Derzeit ist in der geltenden Richtlinie eine Zahlungsfrist von 30 Tagen festgelegt. Es können jedoch längere Zahlungsfristen vereinbart werden, sofern dies ausdrücklich vereinbart wurde und dies nicht als »unangemessen« betrachtet wird. Eine Ausweitung über 60 Tage hinaus ist in Frankreich beinahe unmöglich, denn laut dem französischen Handelsrecht wird es dann »offensichtlich ungerecht«. Bezüglich der Restriktion längerer Zahlungsziele kommt Spanien gleich nach Frankreich. Am einfachsten über die 60 Tage hinauszugehen, ist es vor allem in Deutschland und Italien. Hier können individuelle Fristen vereinbart werden, falls beide Seiten zustimmen und die verlängerte Zahlungsfrist für den Gläubiger nicht »offensichtlich ungerecht« ist. In Italien war es früher relativ einfach, bis zu 120 Tagen individuell zu verlängern.
- **UK:** Auch wenn es keine spezifische gesetzliche Regelung für Zahlungsziele gibt, ist es üblich, Zahlungsziele von 30 bis 60 Tagen

nach Rechnungsstellung einzuhalten. Je nach Branche können auch längere Zahlungsziele vereinbart werden, sofern diese für den Gläubiger nicht »offensichtlich ungerecht« sind.

- **USA, Indien und Brasilien:** Es gibt keine spezifische gesetzliche Regelung auf Bundesebene, aber zwischen 30 und 90 Tagen sind üblich. Längere Zahlungsziele sind je nach Branche möglich und auch üblich.
- **China:** Nach chinesischem Recht gibt es in dieser Hinsicht keine spezifischen gesetzlichen Anforderungen an die Zahlungsfrist, mit Ausnahme der folgenden Bestimmungen im Zivilgesetzbuch der VRC (»CC«). Allerdings war es in der Vergangenheit weit verbreitet, längere Zahlungsziele, teilweise drastisch von bis zu 120 Tagen und auch länger, zu vereinbaren.

Wie kann den Lieferanten geholfen werden, derartige Zahlungsziele zu ermöglichen? Dafür gibt es das **Factoring oder auch das Supply Chain Financing** (SCF) in verschiedenen Arten, deren Wahl von den spezifischen Bedürfnissen des Unternehmens sowie den Anforderungen der Lieferkette abhängt. Damit wird nicht nur die Liquidität verbessert, sondern auch die finanzielle Flexibilität erhöht und die Lieferantenbeziehung gestärkt. Alle genannten Finanzierungsmethoden sind abhängig von der Bonität des Schuldners, bei schlechtem Kreditrating fallen relativ hohe Zinsen an. Hier die gängigsten SCF-Arten:

- **Reverse Factoring:** Die Bank zahlt deinem Lieferanten den Rechnungsbetrag vor der vereinbarten Zahlungsfrist (z. B. nach 14 statt nach 90 Tagen) abzüglich eines Abschlags für Zinsen oder Gebühren. Die Summe zahlt der Lieferant der Bank nach dem Zahlungseingang durch den Kunden zurück.
- **Dynamische Diskontierung:** Dein Unternehmen zahlt dem Lieferanten den Rechnungsbetrag vor der vereinbarten Zahlungsfrist (z. B. nach 30 statt nach 90 Tagen) gegen einen Rabatt für den vorgezogenen Zahlungseingang.
- **Forfaitierung:** Dein Unternehmen verkauft seine Forderungen abzüglich eines Abschlags für Zinsen oder Gebühren aus einem Ver-

kauf an einen Dienstleister, der das Risiko des Zahlungsausfalls bis
zur Fälligkeit übernimmt.

- **Lieferantenkredite oder Bestandsfinanzierung**: Ja, es gibt sie, aber
  sie finden selten statt.
- **Konsignationslager**: Die Ware wird erst zum Zeitpunkt der Ent-
  nahme bezahlt. Hier gibt es diverse Modelle, wie die Abrechnung
  erfolgt. Typisch sind Konsignationslager bei Verbrauchsmaterialien
  und bei C-Teilen wie z. B. Schrauben.
- **Supply-Chain-Finance-Plattformen**: Spezialisierte SCF-Plattformen
  integrieren verschiedene Supply-Chain-Financing-Techniken und erleichtern den Austausch von Dokumenten und Informationen zwischen den Partnern.

Die Zahlungsziele liegen in vielen Unternehmen bei unter 30 Tagen
und stellen ein erhebliches Potenzial für die Erhöhung der Liquidität
dar. Bei unseren Projekten versuchen wir, eine neue Zielsetzung – abhängig von Branche und Warengruppe – auf bis zu 90 Tage zu fixie-
ren. Es gibt aber auch Einzelvereinbarungen mit einem Zahlungsziel
von 180 Tagen bei gleichzeitigem Einsatz von attraktiven SCF-Lösun-
gen und mit bis zu 365 Tagen für die Lieferanten aus dem Bereich des
Projekteinkaufs. Solche extrem hohen Zahlungsziel-Aktionen kommen
zwar vor, sind jedoch eher die Ausnahme. Die Akzeptanz langer Zahlungsziele und die Nutzung von Supply-Chain-Finance-Lösungen sind
eng verknüpft mit Bonitätsfragen, wie zuvor bereits erwähnt.

Projekte, die das Ziel haben, Zahlungsziele zu erhöhen, werden in der
Breite vom Einkauf nicht unbedingt »geliebt«. Denn manche Einkäufer
glauben, dass die hohen Zahlungsziele die Einsparungen »auffressen«.
Das ist aber nicht der Fall, wenn die Zahlungsziele synchron, d. h. während der Preisverhandlung – am besten an deren Ende – neu vereinbart
werden (s. Abschnitt »Target Setting« in Kapitel 3). Um intern die maximale Akzeptanz der Zahlungszielerhöhung zu erreichen, sind besonders motivierende Maßnahmen oder spezifische Zielvereinbarungen
(wie z. B. ein DPO-Ziel) notwendig.

Die hiermit genannten Beispiele haben sich bewährt, nicht nur, um die Akzeptanz zu steigern, sondern auch, um das Know-how aufzubauen und die Verhandlungen zu erleichtern:

- **Trainings** für die Einkäufer: Sie finden entweder vor Ort– auf der Ebene der Organisationseinheiten, an den Produktionsstandorten, organisiert durch den Einkauf, die Procurement Academy oder HR – statt oder werden digital im Intranet angeboten. Vor Ort oder digital – es ist zu empfehlen, in verschiedenen Ländern die Landessprache anzuwenden und die jeweilige Mentalität und Landessitten, welche die Verhandlung beeinflussen, zu berücksichtigen.
- Konkretes **Lehrmaterial**: Dazu gehören die Leitfäden für die Gespräche mit den Lieferanten mit den entsprechenden Argumenten, wie und wann man die neuen Ziele verkündet. In der Praxis haben sich die Q&A-Fragebögen bewährt, um Einkäufer auf Anrufe und Fragen der Lieferanten vorzubereiten.
- **SCF-Partner**: Es kann ein oder mehrere SCF-Partner in jedem Land etabliert werden. Wir versuchen jedoch meist, einen zentralen SCF-Partner für Ländergruppen zu etablieren, falls SCF auf der Unternehmensebene weltweit eingeführt wird.
- **»Ausnahmenliste«**: Es ist eine »Rettungsmaßnahme«, wenn die Zahlungsziele erhöht werden und manche Divisions und Business Units glauben, dass sie die längeren Zahlungsziele nicht umsetzen können oder dürfen. Man nimmt sie in eine sogenannte Ausnahmeliste auf. Nachdem sie auf die Liste gekommen sind und erste Erfolge bei der Erhöhung der Zahlungsziele sichtbar sind, starten wir erneut die Gespräche mit diesen Divisions und Business Units, um sie für die Aktion zu gewinnen.

Im direkten Zusammenhang mit den Zahlungszielen stehen **Zahlungsläufe**, d. h. wann und wie häufig die Lieferantenrechnungen bezahlt werden. Im ungünstigen Fall wird täglich bezahlt. Durch eine Verringerung der Anzahl der Zahlungsläufe kann die Liquidität zusätzlich gesteigert werden. Jedes Unternehmen ist gut beraten, die Zahlungsläufe auf ein-

mal pro Monat, mindestens aber auf alle 7 oder 14 Tage zu reduzieren. Ein operativer Hinweis: Sollte von einem bisherigen »Zahlungslauf jeden Tag« auf »einmal im Monat« umgestellt werden, dann werden als Vorteil keine Zahlungszielerweiterung von 30 Tagen, sondern 15 Tagen erreicht (durchschnittliche Zahlungszielverlängerung bei der Annahme eines täglichen Rechnungseingangs auf gleichem Niveau).

Als **DPO** (Days Payable Outstanding) wird der Zeitraum zwischen Rechnungseingang und Zahlung der Rechnung bezeichnet. Hier ein Berechnungsbeispiel: In einem Betrieb betrug das mittlere Zahlungsziel 27 Tage und es wurde täglich bezahlt. Bei einer Umstellung auf 90 Tage bei einem Zahlungslauf im Monat und der Auszahlung am vierten. Tag des Folgemonats würde man eine Zahlungszielverlängerung von 82 Tagen (90 − 27 + 15 + 4) erreichen.

Was bedeutet das für **Cash Release**, d. h. für den Betrag an liquiden Mitteln, der freigesetzt wird, wenn ein Unternehmen seine Zahlungsziele verlängert und dadurch eine Verzögerung bei der Begleichung seiner Verbindlichkeiten erreicht? Die Kapitalfreisetzung ermöglicht einem Unternehmen zusätzliche Investitionen, während gleichzeitig die Verbindlichkeiten gegenüber Lieferanten erhöht werden. Wir trennen daher Cash Release von Einsparungen, DPO-Projekte sind keine Einsparungsprojekte. Die Cash-Release-Berechnung ist einfach: DPO-Erhöhung gesamt geteilt durch 365 Tage und multipliziert mit dem Einkaufsvolumen.

DPO und Cash Release sind also miteinander verbunden, aber auf unterschiedliche Weise. DPO ist eine der Kennzahlen, die die Effizienz des Working Capital Management eines Unternehmens misst, während Cash Release den Zugewinn an freiem Kapital quantifiziert, der durch die Verzögerung von Zahlungen erzielt wird.

Nichts im Einkauf wird so unterschiedlich gehandhabt wie das **Skonto**. Es gibt drei Gruppen der Unternehmen mit unterschiedlichem Umgang mit dem Skonto:

1. Es wird versucht, ein Skonto immer zu vereinbaren und »zu ziehen«.
2. Es wird kein Skonto »gezogen«, weil man annimmt, dass die Lieferanten ab dem zweiten Jahr das Skonto in die Kalkulation einpreisen.
3. Der Umgang mit dem Skonto wird den jeweiligen Organisationseinheiten eines Unternehmens überlassen.

Was ist richtig? Ich empfehle die zweite Variante, also kein Skonto. Wenn wir die Liquidität erhöhen, schaffen wir das Skonto ab und versuchen, dafür eine zusätzliche Preisreduzierung mindestens in gleicher Höhe zu vereinbaren.

RISIKOMANAGEMENT

Jede Verhandlung birgt Risiken, die den Erfolg beeinträchtigen können. Ein effektives Risikomanagement identifiziert potenzielle Risiken, bewertet ihre Auswirkungen und entwickelt Strategien für ihre Reduzierung und Beherrschung. Deshalb müssen die Risiken im gesamten Verhandlungsprozess identifiziert und bewertet sowie mit den Strategien und den Implementierungsmaßnahmen aufgefangen werden.

Der Umgang mit Risiken zieht sich durch alle acht beschriebenen NPC-Bausteine (Motiv, Strategie, Target Setting, Argumentation, Teamrollen, Taktiken, Psychologie und Konzept). Die Behandlung und Beherrschung vieler Risiken wurden vor allem in den Kapitel 2, 3 und 4 im Detail beschrieben. Um Redundanzen zu vermeiden, gehe ich hier nur auf die wesentlichen Beispiele in drei Phasen des Verhandlungsprozesses ein:

- **Verhandlungsvorbereitung**
    - **Lieferant**: Falls der Entscheider nicht kommen kann, bitte unbedingt eskalieren und alles dafür einsetzen, dass im Termin Entscheidungen fallen können. Falls es nicht möglich ist (z. B. wegen einer Erkrankung, einer lange geplanten China-Reise oder einer Hochzeit der Tochter auf Kreta), dann soll die Verhandlung am besten verschoben werden. Mehr dazu im Abschnitt »Verhandlungsevents« in Kapitel 2.
    - **Anreiselogistik**: Falls es einen Streik gibt und entscheidende Personen auf Lieferantenseite nicht anwesend sein können, muss entschieden werden, ob die Verhandlung zur gleichen Zeit virtuell stattfinden soll oder – falls es nicht sinnvoll bzw. nachteilig ist – in diesem Fall der Termin verschoben wird.
    - **Dein Verhandlungsteam**: Falls ein entscheidendes Mitglied vor der Verhandlung erkrankt, sollte man ihn ersetzen oder ohne ihn

verhandeln, wenn es sich nicht um einen Key Player handelt. Falls es notwendig ist, muss die Verhandlung verschoben werden.

- **Glaubwürdigkeit**: Strategisch entscheidende Maßnahmen – wie BATNA und alle anderen »Schmerzmaßnahmen« – sollen im Vorfeld mit allen Entscheidern und Personen, die Einfluss auf die Freigabe haben, abgestimmt werden. Bluffen ist riskant und nachteilig. Falls man ertappt wird, verliert man nicht nur die Verhandlung, sondern auch die Glaubwürdigkeit für Verhandlungen in den nächsten Jahren. Das erlaube ich in den Teams, in denen ich als Coach eingebunden bin, nie.
- **Kommunikation**: Im Vorfeld muss jedes Element der Kommunikation mit den Lieferanten auf allen Kommunikationskanälen abgestimmt sein. Lieferanten fragen gern am Verhandlungsführer vorbei, z. B. in der Produktion oder in der Entwicklungsabteilung. Wir empfehlen daher immer eine crossfunktionale Abstimmung der Kommunikation.
- **Dry run**: Mit steigender Verhandlungsmasse und der strategischen Bedeutung einer Verhandlung steigt die Notwendigkeit eines Dry runs oder einer Verhandlungssimulation. Die Details dazu sind in Kapitel 4 beschrieben.
- **Unerwartete Ereignisse**: Bereite immer prophylaktisch einen Ersatzraum zum Ausweichen vor, falls die Verhandlung durch ein nicht eingeplantes Ereignis, z. B. Doppelbuchung, unterbrochen wird.
- **Agenda**: Die Agenda soll immer mit konkreten Zeiten für die einzelnen vorher festgelegten Agenda-Punkte und der Rollenverteilung im Verhandlungsteam verbunden werden. Außerdem sollte ein Mitglied deines Verhandlungsteams auf die pünktliche Einhaltung der Agenda-Punkte achten. Wie nennen diese Rolle »Facilitator«. Die Agenda muss so gestaltet werden, dass die wichtigsten Punkte ausreichend Zeit erhalten und nicht im letzten Drittel der Verhandlung liegen. Damit vermeidet man das Risiko, dass sie zu schnell oder gar nicht verhandelt bzw. besprochen werden.

- **Verhandlungsdurchführung**
  - **Agenda**: Achte unbedingt auf die präzise Agenda-Einhaltung. Insbesondere zu Beginn muss der Zeitverlust durch eine mutige Unterbrechung einer überzogenen Lieferantenvorstellung oder des nie endenden Warm-ups, vermieden werden. Falls du unterbrichst, bleibe dabei höflich, denn in vielen Regionen der Welt sind die ersten Minuten des Small Talks sehr wichtig. Lies darüber mehr in Kapitel 4.
  - **Überraschungen**: Bei unerwarteten Lieferantenfragen, -angeboten, -ideen etc., deren Kommentierung oder Beantwortung mit einem Risiko verbunden ist, unterbrich die Verhandlung, um mit deinem Team die Antwort abzustimmen. Mehr zu diesem Thema lies in Kapitel 4.
  - **Quantifizierung**: Falls die Einzelpotenziale der Maßnahmen nicht quantifiziert werden, lege immer fest, wer und bis wann eine konkrete Maßnahmenbewertung nachliefert. Dabei ist darauf zu achten, dass es nicht zu einer nicht endenden Diskussion der Maßnahmenbewertung kommt.
  - **Signale**: Achte ständig auf die Reaktionen des Lieferanten. Nicht nur seine verbalen Statements sind zu beobachten, sondern auch die psychologische Seite – die Körpersprache, Mimik, Gestik etc.
  - **Flexibilität**: Falls es notwendig ist, kann die Strategie immer nachjustiert und die Zielsetzung modifiziert werden. Auch hier bietet sich eine Unterbrechung der Verhandlung an.
  - **Verbindlichkeit**: Lass das Verhandlungsergebnis immer vom Lieferanten in einem Concession Sheet oder einer Ergebnis-/Maßnahmentabelle (es geht an den Lieferanten) unterschreiben. Wir haben die Erfahrung gemacht, dass Lieferanten im Termin gern Dinge zusagen, die sie später als »nicht vereinbart« oder »habe ich anders verstanden« bezeichnen.
- **Verhandlungsabschluss und Nachbereitung**
  - **Würdigung**: Stimme sofort nach der Verhandlung eine E-Mail an den Lieferanten mit der Danksagung, der Zusammenfassung der Ergebnisse und dem Ausblick ab und versende sie unverzüglich.

Hierzu gehört auch immer eine Kopie des unterschriebenen Maß-
nahmenblatts (es ist intern). Versende zeitgleich eine Information
aller relevanten Stakeholder über die Ergebnisse.
- **Sicherheit**: Trage neue Preise unmittelbar in das ERP-System ein.
- **Nachhaltigkeit**: Prüfe nach einer bestimmten Zeit, ob die vereinbarten Maßnahmen umgesetzt und die Vereinbarungen eingehalten wurden. Auch ein Blick in das ERP-System vermeidet das zusätzliche Risiko der Abweichungen.

Grundsätzlich gilt die Regel, dass 80 % der Risiken durch eine sorgfäl-
tige Planung, Vorbereitung und Organisation ausgeschlossen werden
können.

VERTRAGSMANAGEMENT

Ein ganzheitliches Vertragsmanagement erfasst die Verfolgung von
Vertragsfristen und -bedingungen sowie die Durchsetzung von Ver-
tragsrechten und -pflichten. Die Verträge spielen eine wichtige Rolle im
Verhandlungsprozess und darüber hinaus. Im Verhandlungsprozess
sind – vor, während als auch nach der Verhandlung – einige wichtige
Einflussfaktoren zu beachten, von denen ich hier einige ausführe:

- **Verhandlungsvorbereitung**:
  - **Vertragsarten**: Bestimme, in welchem Vertrag die Ergebnisse der
    Verhandlung abgebildet und festgehalten werden. Es gibt dabei
    viele Vertragsarten, z. B. Einzel-, Jahres-, Rahmenverträge. Es
    kann auch eine Einzelbestellung als »Quasivertrag« gelten.
  - **Anlagen**: Achte darauf, dass die notwendigen Standard- oder in-
    dividuellen Anlagen beigefügt werden, denn sie sind fast genauso
    wichtig wie die Verträge selbst, z. B. Service Level Agreement
    (SLA) oder Rate Cards für die Dienstleistungen.

- **Lizenzen**: Die Anzahl der Software-Lizenzen muss sorgfältig ermittelt und vertraglich fixiert werden. Dabei sollte immer darauf
  geachtet werden, ob man eine Lizenzstufe niedriger einsteigen
  kann, die Wartung getrennt vergibt oder ein Tool einsetzen kann,
  das eine vollständige Dokumentation mit allen notwendigen
  Punkten erstellt wird. Bei den Patent- und Markenlizenzen sind
  von Anfang an Fachanwälte zu integrieren.
- **Juristen**: Falls es sich um einen neuen Vertrag handelt oder um
  erhebliche Vertragsänderungen, muss das immer entweder mit
  den Haus- oder den externen Juristen geklärt werden. Steht der
  Vertrag im Zentrum einer Verhandlung, empfehle ich, einen
  Rechtsanwalt ins Team zu integrieren. Er muss gesondert eingebunden werden, damit sich seine Rolle in das Verhandlungsdreh-
  buch integrieren lässt.

- **Während der Verhandlung**:
  - **Kommunikation**: Kommuniziere alle Vertragsbedingungen und
    -anforderungen klar und eindeutig, um Missverständnisse zu mini-
    mieren. Eine klare und transparente Kommunikation ist wichtig.
  - **Rückverfolgbarkeit**: Während der Verhandlung ist es wichtig, alle
    Diskussionen, Vereinbarungen und Änderungen am Vertrag sorg-
    fältig zu dokumentieren. Halte Änderungen direkt fest und kon-
    kretisiere sie so weit wie nur möglich. Eine Unterschrift am Ende
    reduziert das Risiko einer aufwendigen und unsympathischen
    Diskussion, dass »es nicht so gemeint war«. Mit einer sorgfälti-
    gen Dokumentation stellst du sicher, dass keine wichtigen Punkte
    übersehen werden und alle Parteien ein gemeinsames Verständ-
    nis der Vertragsbedingungen haben.

- **Nach der Verhandlung**:
  - **Freigabe**: Nach dem Abschluss der Verhandlung müssen Lücken
    im Vertrag geschlossen und offene Punkte geklärt werden. Der
    so finalisierte Vertrag muss von der Legal-Abteilung freigegeben
    werden.
  - **Nachhaltigkeit**: Ist der Vertrag abgeschlossen und unterschrieben,
    prüfe, ob dessen Einhaltung regelmäßig gesondert geprüft werden

muss. Falls notwendig, werden die jeweiligen Meilensteine bzw. die Quality Gates in einem Controlling-Prozess zeitlich festgelegt.

– **Eskalation**: Gleichzeitig ist zu prüfen, ob man einen Eskalationsprozess im Vorfeld definiert, damit die Beteiligten darauf vorbereitet werden können.

PREISGLEITKLAUSEL

Die Preisgleitklausel ist eine wichtige Komponente in vielen Verträgen. Sie schützt eine oder beide Seiten vor den Konsequenzen starker Veränderungen einer oder mehrerer Kalkulationskomponenten.

Es gibt mehrere Methoden, um die Preisänderungen, die unterschiedliche Gründe haben können (z. B. Inflation, Rohstoffpreise, Indizes) zu berücksichtigen. Am meisten verbreitet ist die Bindung der Preisanpassung entweder an einen Materialpreis (z. B. Stahl), an einen Index (z. B. bei Kunststoffgranulat), an die Börsennotierung (z. B. LME-Notierung für Kupfer) oder an den Verbraucherpreisindex (z. B. VPI). Es kann auch eine Mischformel als Basis definiert werden.

Unabhängig von der Art der Preisveränderung muss in der Preisgleitklausel **immer eine klar definierte Formel** oder Methode definiert werden, um die Preisänderungen zu berechnen. Auch der Prozess und die Fristen einer Preisanpassung müssen klar beschrieben und vereinbart werden, z. B.:

- Am einfachsten ist eine direkte Preisverbindung mit der Veränderung der Bezugsgröße, z. B. bedeutet ein Anstieg der Bezugsgröße um 1,2 % einen Preisanstieg um 1,2 %, also »1:1«. Da die meisten Einkäufer die Risiken beherrschen wollen, ist dieser Automatismus nicht besonders beliebt und damit auch nicht sehr verbreitet. Außerdem beinhaltet ein Preis i. d. R. diverse Kostenelemente, die nicht durch einen Index erfasst werden, wie z. B. Overheadkosten, Gewinn und andere in der Kalkulation enthaltenen Kostenelemente.
- Stärker verbreitet ist die Anwendung eines »Korridors«. In diesem Fall kann eine Preisveränderung erst dann eine Handlung als Konsequenz hervorrufen, wenn sich der bisherige Preis einen fest definierten Prozentwert, z. B. 5 %, über- oder unterschritten hat. Dann erfolgt entweder eine automatische Preisanpassung oder es wird eine Verhandlungsrunde in Gang gesetzt. Dies kann auch in beiden Richtungen gelten, d. h. sowohl den Lieferanten als auch den Einkäufer schützen.

Die Wahl der geeigneten Preisgleitklausel hängt von den spezifischen Anforderungen des Vertrags, den Marktbedingungen, den Risiken und den Präferenzen der Vertragspartner ab. Es ist wichtig, die Klausel sorgfältig zu formulieren und alle relevanten Parameter klar zu definieren, um eine eindeutige und transparente Preisgestaltung und -anpassung zu gewährleisten.

Mir hat ein Einkäufer erzählt, er habe Jahre dafür gekämpft, endlich eine Preisgleitklausel zu integrieren. Nachdem er den Lieferanten endlich überzeugt hatte, stieg der Index und er wollte unbedingt wieder aussteigen, fand aber natürlich keine Argumente dafür.

Eine **Währungsgleitklausel** kann in internationalen Geschäften verwendet werden, um Preisänderungen aufgrund von Wechselkursschwankungen zu berücksichtigen. Diese Klausel kann dazu beitragen, das Währungsrisiko zwischen den Vertragsparteien zu minimieren.

6

VERHANDLUNGEN MIT BESONDEREN LIEFERANTEN

In diesem Kapitel geht es um Verhandlungen mit den Lieferanten in einer besonderen Position im Materialgruppen-Portfolio. Dazu zählen vor allem Monopol-, Quasimonopol- und Oligopol-Lieferanten. Wenn man über Oligopole spricht, landet man automatisch beim Thema der Kartelle, bei denen ein besonderes Vorgehen notwendig ist. Außerdem gibt es Lieferanten mit unterschiedlichen Aufnahmekriterien, z. B. bevorzugte (Preferred suppliers), vorgegebene (Pre-described suppliers), zugelassene Lieferanten und Lieferanten-Konsortien.

MONOPOLISTEN

Die Monopollieferanten (auch »Sole Source« genannt) sind Fluch und Segen zugleich. Für ein Industrieunternehmen sind sie meistens sehr wichtig und für den Einkäufer aufgrund fehlender Alternativen schwer zu verhandeln. Nicht selten ist die Erwartung an einen Verhandlungstrainer, dass er zaubern kann und einen Monopollieferanten wunderbar verhandelbar macht. Das ist meist eine Illusion. Sogar die Spieltheoretiker fühlen sich nahezu machtlos, da die sogenannte Shiftability nicht existiert. Zudem scheint das Vergabegut für den Bieter wenig attraktiv, denn der Lieferant behält sein Geschäft sowieso. Dafür gibt es **unterschiedliche Monopol-Varianten**, z. B.:

- eine extrem lange Zeitstrecke für den Aufbau inkl. Freigaben, Zulassung etc. einer Second Source und den Wechsel zum Alternativlieferanten, z. B. sieben Jahre beim U-Boot-Antrieb,
- zu hohe Aufbau-/Entwicklungskosten, z. B. Entwicklung einer neuen elektronischen Steuerung in vielen Industrien,
- ein Patent, insbesondere in der Pharma-Industrie,
- keine technologische Alternative, z. B. verbaute Transistoren pro mm² in Hochleistungschips von TSMC (Fertigungsdichte bekommt kein anderer hin)
- regionale Abhängigkeit, z. B. seltene Erden aus China
- sensible Produkte und Risiken bei Qualität und Performance, z. B. Teile in der Aerospace-, Medizintechnik- bzw. Defense-Industrie

Dieses Buch beschäftigt sich mit Verhandlungen, also kommt die Frage automatisch: Wie geht man denn mit einem Monopollieferanten um, um ein optimales Verhandlungsergebnis zu erzielen?

Zunächst ist es wichtig, zu entscheiden, ob man **kooperativ oder konfrontativ** vorgeht. Wenn du es nicht weißt, versuche, zuerst vorsichtig den konfrontativen Weg einzuschlagen und – falls du nicht weiterkommst – dann auf den kooperativen Weg zu wechseln. Parallel zum Start des kooperativen Wegs kann dann der langfristige Lieferantenwechsel durch den Aufbau einer Second Source eingeleitet werden. Schaue dir dabei an, wie schnell ein Alternativlieferant aufgebaut werden kann und versuche R&D für einen Wechselprozess zu gewinnen und dann vom Vorstand die Freigabe und das Budget dafür zu erhalten. Geht es nicht? Dann musst du mit dem Monopollieferanten leben und ihn trotzdem verhandeln.

Hier einige Tipps, um beim weniger »ertragreichen« **kooperativen** Weg noch das Beste zu erreichen:

- **Verhandlungsspielraum verstehen:**
  Auch wenn es sich um einen Monopol-Lieferanten handelt, müssen mögliche Alternativen permanent geprüft werden, gerade weil die Geschwindigkeit der neuen Technologien aktuell exponentiell zunimmt. Deshalb analysiere ...

  1. ... den Markt: z. B. die Marktdynamik, die Technologie-Roadmap, das Kundenverhalten,
  2. ... deine Wettbewerber, z. B. welche Lieferanten, Sublieferanten und Material für die Schlüsselteile (tolles Feld für den Einsatz von Reverse Engineering) setzen sie ein,
  3. ... die Sourcing-Alternativen: existierender und neuer (Challenger-)Wettbewerb, Start-ups, andere Technologien, Aufbauzeit für die Second Source inkl. Qualifizierung, Freigaben, Patente, Zulassung etc.,
  4. ... die Supply Chain: evtl. Aufbau eines Systemlieferanten und Bewegung um ein Level nach oben, wo er plötzlich dem Monopol-Lieferanten Konkurrenz macht, Teilung des Spektrums des Monopol-Lieferanten und Verlagerung der Teile seines Spektrums zu den dort vorhandenen Alternativen,
  5. ... die Abhängigkeit im Detail: Wann laufen Patente aus oder sind neue Patente erschienen, welche die Verhandlungssituation ändern?
  6. ... den Monopol-Lieferanten selbst: seine finanzielle Lage, exakte Kostenstruktur, Pricing-System, Vertragsbedingungen, generell Transparenz etc.,
  7. ... Sondersituationen: Kann eine Pandemie oder die Integration der Nachhaltigkeitsziele als »Game Changer« genutzt werden, um den Vertrag zu deinen Gunsten zu modifizieren?

- **Wettbewerbsdruck simulieren:**
  Du findest in der heutigen Zeit viel schneller als in der Vergangenheit die Ansätze, die als Ausgangspunkt für die Sendung der Signale,

mit denen man an der Selbstsicherheit – oder sogar an der Arroganz – eines Monopol-Lieferanten »kratzen« kann. Warum findet man sie aktuell viel schneller? Dazu tragen die Start-ups, die künstliche Intelligenz, die Digitalisierung und die Automatisierung sowie die Mobilität und die erneuerbaren Energien sowie die Nachhaltigkeitsaspekte bei. Irgendwo wirst du die Ansätze, Ideen, Inspirationen für die Signale finden, die dich stärker auftreten lassen. Warum erwähne ich, dass es wichtig ist, diese Signale zu senden? Weil der Monopol-Lieferant immer spüren muss, dass man ernsthaft andere Optionen in Betracht zieht und nie bedingungslos aufgibt.

Ein gutes Beispiel dafür ist die Einladung der Monopol-Lieferanten zum Lieferantentag. Sie wirken immer etwas verunsichert, weil sie die anderen Lieferanten und die Auswahlkriterien für die Einladung zu diesem Event nicht kennen. Außerdem sind sie von dem Rahmen und dem entstehenden Momentum beeindruckt. Ich empfehle, dabei immer mit dem Monopollieferanten zu verhandeln. Auch wenn man weiß, dass nichts dabei herauskommt. Habe keine große Erwartung an die Einsparungen oder anderen Benefits, die bisher nicht möglich waren, aber ergib dich nicht kampflos!

- **Win-win-Situation durch Optimierung der Supply Chain anstreben**: Eine Win-win-Situation, bei der sowohl du als Kunde als auch der Monopol-Lieferant Vorteile erzielt, gestaltet die Verhandlungen nicht nur positiver, sondern sie bringt auch langfristige Vorteile und reduziert den durch die Monopolsituation verursachten »Einkaufsschmerz«. Analysiere dafür zunächst die gemeinsame Lieferkette und versuche, Bereiche zu identifizieren, in denen Optimierungspotenziale existieren.

Ein perfektes Beispiel dafür ist die Zusammenarbeit eines internationalen Produzenten der medizinischen Röntgenanlagen mit seinem Systemlieferanten für die Patienten-Liegetische. Es wurde zusammen strategisch entschieden, alle Potenziale entlang der gemeinsamen Lieferkette zu identifizieren und zu erschließen, um die Attraktivität der monopolistischen Kunden-Lieferanten-Beziehung zu steigern. Der Kernpunkt waren drei Maßnahmen:

1. Strategie-Workshop zur gemeinsamen Synchronisation beider Technologie-Roadmaps,
2. Design-to-Cost-Workshop, bei dem Produktkosten in einer sogenannten Ideenfabrik gemeinsam analysiert und in Maßnahmen zur Kosteneinsparung oder Produktoptimierung umgewandelt wurden sowie
3. Lieferantentag, zu dem die Lieferanten des Monopol-Lieferanten eingeladen wurden, um die Potenziale zur Kostensenkung in den gemeinsamen (Kunde, Monopol-Lieferant und sein Sublieferant) Verhandlungen, zu identifizieren und zu erschließen.

- **Nicht nur der Preis im Fokus:**
  Wenn der Monopol-Lieferant wie erwartet nicht bereit ist, preislich nachzugeben, kann ein systematischer Check stattfinden, ob die neuen Kompensationsvorteile zusätzlich identifiziert werden können. Dazu zählen z. B.:

  1. monetäre Vorteile, z. B. kostenfreie Technikertage,
  2. Risikominimierung, z. B. zeitliche Verschiebung der Abkündigung eines Bauteils,
  3. Erhöhung der Liquidität, z. B. Zahlungsziele, -läufe anpassen bzw. Skonto einführen oder abschaffen,
  4. Reduzierung der Folgekosten, z. B. Reduzierung der Pönale/Strafzahlungen,
  5. Vereinfachung der Lieferbedingungen, z. B. »Entschärfung« der Logistik- bzw. Qualitätsvereinbarung und
  6. Entgegenkommen bei der Diskussion der Dekarbonisierung und der Emissionsthematik.

- **Strategisches Partnermanagement (SPM) einführen:**
  Das SPM wird insbesondere dann implementiert, wenn der Lieferant gleichzeitig der Kunde ist und man noch darüber hinaus auf dem Markt gemeinsam auftritt. Dies ist besonders unter den welt-

weit agierenden Konzernen der Fall. Es geht beim SPM nicht nur darum, bessere Konditionen und eine stabilere Versorgung abzusichern, sondern den gemeinsamen Auftritt auf dem Markt synergetisch zu gestalten und die Schnittstellen zu optimieren. Die SPM-Einführung geht so weit, dass man die technologischen Roadmaps langfristig synchronisiert.

Teile des klassischen SPM auf der Konzernebene können auch im Mittelstand im Kleinformat genutzt werden. Das kann sowohl zu Beginn als auch am Ende des Verhandlungsprozesses mit dem Monopollieferanten thematisiert werden.

Meine Erfahrung: Da SPM hochkomplex ist, wird der Ansatz nur in Ausnahmefällen genutzt. Dabei sind viele Fachbereiche eingebunden und der Einkauf muss nicht unbedingt die federführende Rolle spielen.

Den **konfrontativen** Weg würde man wählen, wenn die Alternative zum aktuellen Monopolisten bereitsteht, um als Second Source zu liefern. Den Effekt einer neuen Second Source nutzen die Spieltheoretiker sehr gern, diese sogenannten Challenger maximieren die Wettbewerbssituation (mehr über den Einsatz der Spieltheorie lies in Kapitel 2).

Hier nur zwei spezielle Taktikbeispiele, die in der Praxis bei den konfrontativen Verhandlungen mit den Monopollieferanten gewirkt haben:

- **Ermüdungstaktik**:
Wenn eine klassische Verhandlung nach einem bis hin zu drei Schritten vorbei ist, kann die verschleißende mehrschrittige Taktik im Einzelfall wirken.

So z. B. bei einem europäischen Produzenten der Prüfstände für die Automobilbranche. Der Systemlieferant fertigte fast den gesamten Prüfstand und verstand sich als Owner des Systems und unseren Kunden als Vertriebskanal. Ein Wechsel auf einen anderen Systemlieferanten war aufgrund der verkauften und teilweise selbst für die Kunden betriebenen Prüfstände so gut wie unmöglich. Der Verhandlungsprozess bestand aus neun Schritten inkl. eines Strategie-Workshops, der Kostenstruktur-Durchsprache, einer Design-to-Cost-Ideenfabrik usw. Wir haben alle Workshops gut vorbereitet und moderiert, aber sie haben keine Einsparungen gebracht. Aus Verzweiflung fiel uns eine unkonventionelle Idee ein. Der Einkaufsleiter sollte seinen Ansprechpartner beim monopolistischen Systemlieferanten anrufen und ihm einen skurrilen Deal anbieten. Das tat er und sagte dabei mit seinem herrlichen lokalen Akzent »Loss uns einen Schlussstrich ziehen und die ›Berooter‹ loswerden. Ich schlage vor, wir einigen uns auf 5 % und unterschreiben gleich«. Tatsächlich hat das Treffen in der Mitte der Fahrstrecke beider Unternehmen in Verbindung mit einem Gewinner-Lunch stattgefunden und zum besagten Erfolg geführt.

- **Normalisierungstaktik**:
Die visuelle Gleichsetzung der selbstsicheren Monopollieferanten auf das Niveau der »normalen« Lieferanten kann die Monopolisten verunsichern und damit den Weg zur Neudefinition der Kunden-Lieferanten-Beziehung mit dem Monopolisten einleiten.

So ist es ein erprobtes Mittel, das ich bereits erwähnt habe, die Monopollieferanten zu den Lieferantentagen einzuladen, bei denen die Verhandlungen integriert sind. Dabei ist es die Psychologie, die Wirkung zeigen kann. Der Monopolist sitzt mit den anderen Lieferanten »auf einer Bank«. Eine große Halle mit 60–70 Personen, ein professionelles Location-Styling, die Anwesenheit des Top-Managements, deren gezielt angesetzte Reden helfen, an diesem Tag ein besonderes Momentum aufzubauen. Davor wird schrittweise während der systematischen Vorbereitung die Glaubwürdigkeit des Wettbewerbsdrucks ausgebaut. An dem Lieferantentag selbst erreicht sie das Maximum. Lies mehr darüber im Abschnitt »Deep dive ›Lieferantentage‹« in Kapitel 2.

QUASIMONOPOLISTEN

Die Quasimonopolisten sind **meistens hausgemacht**, leider oft im Einkauf. Die Gründe dafür sind sehr vielfältig, z. B.:

- Es wurde zugelassen, dass der Lieferant der Werkzeugeigentümer ist, z. B. beim Metallguss.
- Es wurde zugestimmt, dass der Lieferant den Quellcode für das im Auftrag programmierte Software-Tool besitzt.
- Der Lieferant weiß, dass seine Sperre einen Kollateralschaden und Umsatzverlust bedeutet, z. B. ein bekannter Limonaden-Produzent wird im Retail Business aus dem Programm gestrichen und die Anzahl der Kunden und der Umsatz sinken.
- Die Abhängigkeit von der Handelsware ist entscheidend für den Verkauf einer ganzen Anlage oder eines Systems, z. B. die Zahnärzte

haben früher keine Röntgenanlagen bestellt, wenn ein EPSON-Drucker nicht dabei war.
- Der Lieferant ist zugleich Kunde und kauft dort wesentlich mehr als er verkauft.

Die Aufzählung kann man beliebig fortsetzen. Wie verhält man sich bei den Verhandlungen? Die Verhandlungssituation bei den Quasimonopolisten ist zwar ähnlich zu den Monopollieferanten (s. o.), allerdings meistens wegen einer geringeren Abhängigkeit einfacher.

OLIGOPOLISTEN

Die Verhandlungen mit den Oligopol-Lieferanten, bei denen **nur wenige Anbieter den Markt** dominieren, können ebenfalls anspruchsvoll sein. Nicht selten kennen die Lieferanten deren Wettbewerber und deren Produkte sehr gut. Häufig versuchen diese Lieferanten:

- die Vergleichbarkeit mit den Wettbewerbern zu erschweren, z. B. Produkt-/Service-Personalisierung, eigene Normen und Standards, Cherry Picking in den Ausschreibungen, Erweiterung um weitere Services,
- der Transparenz entgegenzuwirken, z. B. Mischkalkulationen, variabler Einsatz von Vormateriallieferanten, Verweigerung von Clean Sheets oder
- die Prozesse zu umgehen, z. B. die Spezifikationen beeinflussen, in der Vor-Vergabephase manipulieren, Kontakte zum Leadership zum Einkäufer oder anderen Lieferanten ausnutzen.

Die Tipps für die Verhandlungen mit den Monopollieferanten gelten auch für die Oligopol-Lieferanten (lies dazu unbedingt den Abschnitt »Monopolisten«).

KARTELL-LIEFERANTEN

Der Weg von der Oligopolsituation zum Kartell ist kurz. Kartelle sind **illegale Absprachen zwischen den Unternehmen**, um den Wettbewerb einzuschränken, Preise zu manipulieren oder den Markt zu kontrollieren. Es gab sie immer und es wird sie auch in der Zukunft geben. Die Erkennung von Kartellen ist meistens sehr schwierig, da die Benefits immer sehr attraktiv sind, die Strafen sehr hoch sind und die Absprachen im Verborgenen stattfinden. Falls du es mit einer Oligopolstruktur zu tun hast, ist die Wahrscheinlichkeit erhöht, dass auf der anderen Seite ein Kartell in voller Blüte vorhanden ist.

Falls du einen **Verdacht** hast, dass es sich um ein Kartell handelt, informiere bitte unbedingt zwei Personen, nämlich deinen Vorgesetzten und den Chief Compliance Officer. Nur den Vorgesetzten zu informieren, reicht leider nicht aus. In diesem Fall muss häufig die Staatsanwaltschaft eingeschaltet werden.

Dein Unternehmen kann zwar viel dafür tun, um Whistleblower, Tippgeber und Informanten zu schützen, allerdings sind die juristischen Hintergründe sehr komplex. Schon das Thema der Kronzeugenregelung allein ist ein eigenes endloses Kapitel. Aus der Verhandlungssicht ist es in der Tat ein sehr interessantes Thema, jedoch verhandeln es nicht die Einkäufer, sondern die Juristenteams.

Du als Einkäufer musst immer den Markt beobachten und ständig auf bestimmte Anomalien achten, die einen Ausgangspunkt für die Identifikation eines Kartells sind. Hier einige **typische Indikatoren**, auf die man auf der Seite der Lieferanten achten muss:

- zeitnahe Bekanntmachung der ähnlichen Neupreise für vergleichbare Produkte, Systeme, Anlagen oder Dienstleistungen durch unterschiedliche Lieferanten,

- identische Angebote für Produkte oder Dienstleistungen nach deiner Aufforderung,
- zeitnahe Änderungen im Geschäftsgebaren, um den fairen Wettbewerb zu behindern,
- Initiativen und Versuche, bestimmte Märkte oder Gebiete aufzuteilen.

Was kannst du während der Verhandlungen machen, um ein **Kartell zu bekämpfen?**

- Du kannst z. B. irrationale Entscheidungen treffen, mit denen niemand rechnet, wie die Beauftragung des Zweitbesten. Das Vertrauen der Kartellpartner untereinander wird auf die harte Probe gestellt. Wenn du Glück hast, ist es das Ende des (vermuteten) Kartells, z. B. beim Kauf des Metallschrotts in bestimmten Regionen.
- Nachdem der juristische Vorgang, meistens mit der eingebundenen Staatsanwaltschaft, gestartet wurde, schreibe diese Materialgruppe – am besten mit dem Einsatz der Spieltheorie – so neu aus, dass eine maximale Wettbewerbssituation entsteht. Dazu zählt ein optimales Vergabedesign, die minimale Anzahl der Lose, Forecast etc. In solchen Situationen werden die besten Verhandlungsergebnisse erzielt. Also, nur Mut beim Target Setting! Lass nur prüfen, ob du alle ehemaligen Lieferanten aus der juristischen Sicht berücksichtigen darfst. Es ist eine besondere Situation mit den Themen, die du bisher nicht gekannt hast, z. B. ausgesprochene Sperren, Einfluss der Strafzahlungszeiten, Kronzeugenregelung etc.

Mit u. a. diesen Ansätzen kann man gegen Kartelle vorgehen. Ich selbst habe einige Male mit Kartellen auf der Gegenseite zu tun gehabt, manche auch zerschlagen dürfen. Aufgrund der juristischen Risiken anonymisiere ich die Beispiele und beschränke mich auf wenige, jedoch entscheidende Details.

- **Baumaterial:** Die Ursache war eine »logische« Annahme, dass die Transportkosten in einem europäischen Land ausschlaggebend für die Preisbildung sind und eine hohe Anzahl der Logistik-Hubs, wo das Material geliefert wurde, Kosten senkt. Die Aufteilung dieser Gebiete konnte man mit dem Einsatz der Spieltheorie durch Losbildung »knacken«. Denn die Anzahl der Lose war geringer als die Anzahl der Bieter, wobei sie gegeneinander anbieten mussten. Die Annahme unseres Teams, dass der Vorteil durch die Nutzung der Wettbewerbssituation dem Kunden mehr Vorteile bietet als die Logistikoptimierung durch die Hub-Bildung, hat sich bestätigt. Sehr nützlich war außerdem die detaillierte Analyse der gesamten Lieferkette und der Mut zum Forecast, den man früher nicht hatte.

- **Infrastrukturprojekt**: Während des langen Planfeststellungsverfahrens haben die Transportunternehmen die nahen Entsorgungsmöglichkeiten so eingeschränkt, dass man mit deren Hilfe lange Wege in Anspruch nehmen musste. Eine neue überregionale Ausschreibung verbunden mit der Entkopplung der Entsorgung und des Transports sowie der Wechsel des Transportmittels waren ausschlaggebend für das »Umgehen« des regionalen Kartells.
- **Metallschrott**: Es wurde vermutet, dass in bestimmten Städten die Unternehmen ihre Gebiete aufteilen, um die Preise zu optimieren. In einer Ausschreibung haben wir an den Zweitbesten vergeben und damit einen Streit unter den Kartellteilnehmer entfacht und das lokale Kartell auf diese Art zerschlagen.

VORZUGSLIEFERANTEN

Der Status eines offiziell ernannten bevorzugten Lieferanten (Preferred supplier) enthält bestimmte Privilegien, wie z. B. eine automatische Berücksichtigung in allen Ausschreibungen oder eine Last Call-Option. Um diese Rechte zu genießen, muss der Lieferant für bestimmte Zugeständnisse bereit sein. Als Verhandlungsziel dieses Privilegs kann z. B.

die Erfüllung der vereinheitlichten Zielpreise oder eine jährliche »Bearbeitungsgebühr« von bis zu 3 % verlangt werden.

Thematisch verwandt mit den offiziell ernannten, bevorzugten Lieferanten ist die Reduzierung der Anzahl der Lieferanten einer Materialgruppe durch die strategische Bündelung des Einkaufsvolumens mit einer starken Fokussierung auf wenige Quasivorzugslieferanten. Diese kann auf allen Ebenen eines Unternehmens erfolgen. Entweder mit einer permanenten Betreuung durch einen Materialgruppen-Koordinator (Commodity/Category Manager), der mit einem Lead-Buyer-Ansatz, bei der der Einkäufer mit dem größten Einkaufsvolumen oder dem besten Know-how für alle Organisationseinheiten verhandelt, oder einer temporären Struktur, bei welcher die Teams zu bestimmten Zeiten zusammenkommen.

VORGESCHRIEBENE LIEFERANTEN

Es ist besonders im Automobilbereich eine beliebte Maßnahme, mit den Lieferanten des Lieferanten zu verhandeln. So verhandelt der Automobil-OEM (Original Equipment Manufacturer) mit dem Sublieferanten (Tier 2) die Preise, die anschließend dem Lieferanten (Tier 1) vorgegeben werden.

Warum kommt es zu dieser Bypass-Lösung?

- Es gibt einen logischen Grund: Der OEM hat ein so großes Einkaufsvolumen, das er bei dem Sublieferanten einen enormen Preisvorteil heraushandelt. Das macht aber nur dann Sinn, wenn der Bündelungseffekt wirklich wirksamer ist als die Verhandlung durch das Lieferanten-Team (Tier 1). Dieses Team kennt den Sublieferanten meistens besser und ist in der Lage, spezielle Maßnahmen, wie z. B. im Sinne von Design to Cost, zu entwickeln.

- Es gibt auch manchmal einen Grund, über den man offiziell nicht spricht: Manche Einkäufer trauen der Qualität des Einkaufs des Lieferanten nicht und verhandeln deshalb lieber mit dem Sublieferanten direkt.

Beliebt ist beim Lieferanten (Tier 1) die Bypass-Lösung nie. Besonders dann nicht, wenn sie ohne Ankündigung passiert.

ZUGELASSENE LIEFERANTEN

Einerseits gibt es bestimmte Zulassungskriterien, die ein Lieferant erfüllen muss, wie z. B. die ISO-Zertifikate, Erfüllung von Normen, eine UL-Zertifizierung in der Medizintechnik. Das ist kein Gegenstand einer Verhandlung.

Es sieht jedoch ganz anders im Falle einer Präqualifizierung als Zulassung zur Verhandlung aus, die ein Einkäufer selbst einführen kann. Im Falle der positiven Präqualifizierung kann ein zusätzlicher Bonus oder bestimmte Goodies von dem zugelassenen Lieferanten verlangt werden. Thematisch nahe liegen die Vorverhandlungen, die z. B. den Eintritt zu den Jahrespreisverhandlungen erlauben oder die Teilnahme am Lieferantentag ermöglichen. Lies mehr darüber in Kapitel 2.

KONSORTIEN

Ein Konsortium ist eine Partnerschaft zwischen mindestens zwei Unternehmen. Sie ermöglicht es, Ressourcen und Expertise zu bündeln, um komplexe oder umfangreiche Aufgaben, wie Forschungs- und Entwicklungsprojekte oder große Infrastrukturvorhaben, effizienter zu bewältigen. Dies betrifft am häufigsten Transport-, Bauunternehmen oder Technologiekonzerne.

Allerdings kann die Bildung von Konsortien auch Herausforderungen mit sich bringen. Z. B. kann es vorkommen, dass Unternehmen Mantel-Vertriebsorganisationen gründen, um die Mindestumsatzanforderungen von Ausschreibungen künstlich zu erfüllen. Dies kann zu Ineffizienzen an den Schnittstellen, mangelnder Transparenz und unaufrichtiger Darstellung gegenüber dem Einkauf führen.

Bei Verhandlungen mit Konsortien sollte der Schwerpunkt daher auf der Förderung von Transparenz und dem Verständnis für die Art und Weise der Vernetzung der beteiligten Unternehmen liegen. Zudem ist es wichtig, potenzielle Risiken zu identifizieren. Effektive Strategien umfassen die Maximierung der Synergiepotenziale und gleichzeitig die Minimierung von Risiken, oft in enger Zusammenarbeit mit Rechtsexperten.

KONGLOMERATE

Konglomerate werden Konzerne genannt, die ihre Teile unabhängig voneinander anbieten, um jeweils den maximalen EBIT zu erzielen. Der Einkäufer muss zunächst die Transparenz herstellen und anschließend versuchen, die Konzernteile zu einer gemeinsamen Verhandlung zu bewegen, um – teilweise erhebliche – Bündelungseffekte als Einsparungen bezogen auf das gesamte Einkaufsvolumen, Kickbacks und Best-of-Vertragselemente, wie z. B. Zahlungsziele oder Skonto, zu erreichen. Um dies festzuhalten und die Realisierung transparent zu verfolgen, werden dafür häufig Rahmenverträge abgeschlossen.

LIEFERANTEN IM PROJEKTEINKAUF

Mit dem Begriff »Projekteinkauf« beziehe ich mich nicht auf die Projekteinkäufer, die den Einkauf in den Entwicklungsprojekten vertreten, sondern auf die Vergabe eines Projekts – als Ganzes oder in Einzelmodulen – an einen oder mehrere Lieferanten. Der Einkauf kann es entweder verhandeln oder als Vergabe mit dem Einsatz der Spieltheorie ausschreiben. Da die Spieltheorie in den meisten Fällen ausgezeichnet wirkt, empfehle ich, diesen Ansatz zu implementieren.

Das Projektvolumen kann aus dem wiederkehrenden Material und dem einmal vergebenen Gut bestehen. Z. B. im Bereich der Energieversorger sind die Tiefbauleistungen oder Rohrleitungsteile wiederkehrend, ein Elektrizitätswerk ist jedoch eine einmalige Investition. Bei der Bahn ist das Schienenmaterial oder MRO wiederkehrend, die Fahrzeuge dagegen »einmalig«. In der Automobilindustrie sind die Maintenance-Leistungen wiederkehrend, die Beschaffung einer Lackieranlage jedoch einmalig.

Ein Thema, das mit der Projektvergabe verbunden ist und das du im Vorfeld klären musst, ist die Frage der Ergebniskalkulation. Denn die Projekte sind häufig einmalig und schwierig zu vergleichen, weil der Bezug fehlt. Sollte es in der Vergangenheit ein vergleichbares Projekt gegeben haben, ist ein Vergleich damit – nach der Aktualisierung der Einzelpreise und Indizes – am einfachsten. Falls nicht, dann empfehle ich, zu versuchen, das ähnlichste Projekt vergleichbar zu machen, d. h. Leistungen in einem Simulationsmodell zu addieren oder herauszunehmen/herauszurechnen. Ist auch das nicht möglich, benutzt man entweder das Budget oder die eigene Kalkulation als Vergleichsbasis. Sollte aus bestimmten Gründen auch das nicht möglich sein, dann benutzen manche Unternehmen als letztes Mittel die vorverhandelten Preise als Vergleichsbasis.

NOCH NICHT EXISTIERENDE MATERIALGRUPPEN

Bei neuen Technologien, die teilweise unser Leben verändern (z. B. früher »Cloud« oder aktuell »grüner Wasserstoff«) und einen fundamentalen Change bedeuten, befindest du dich in einem komplexen Umfeld. Es werden im Einkauf inhaltliche Skills benötigt, die meistens nicht existieren.

In solchen Fällen muss der Einkäufer einen Experten für neue Technologien hinzuziehen und den Beschaffungsprozess anpassen. Das Wort »muss« habe ich bewusst benutzt, weil die Übernahme der Verantwortung auf einem völlig neuen Feld – bedingt z. B. durch den autodidaktisch basierten Ehrgeiz – in einem Fiasko enden kann. In der Regel dauert eine solche Verhandlung oder Vergabe länger, ist mit neuen Risiken auf beiden Seiten verbunden und muss im Vorgehen konfrontative (wegen der Einsparungen) und kooperative (wegen der Risikominderung) Elemente integrieren.

VERHANDLUNG ALS EINKAUFSALLIANZ

Unternehmen aus der gleichen oder unterschiedlichen Branchen können Einkaufsallianzen bilden, um Bündelungsvorteile zu nutzen. Aus der Kartellsicht galt grundsätzlich die Regel, dass es beim indirekten Material keine Einschränkungen gibt. Beim direkten Material darf die 15-%-Grenze des Marktvolumens nicht überschritten werden. Das muss für jeden Einzelfall immer juristisch geprüft werden. Beachte, dass wenn du eine Einkaufsallianz bildest, die Unternehmen die Preise der anderen Teilnehmer nicht sehen dürfen. Dafür muss ein Prozess und eine organisatorische Lösung definiert werden. Die Nutzung eines Tools vereinfacht den Prozess. Wie es funktionieren soll und auf welche sonstigen Rahmenbedingungen geachtet werden muss (z. B. Definition der Bezugsgröße »Marktvolumen«), frage einen Fachrechtsanwalt.

Bei der Struktur einer Einkaufsallianz spielen drei Voraussetzungen eine entscheidende Rolle:

* **Symmetrie**: Ist ein Teilnehmer zu dominant, d. h. bringt er ein viel größeres Einkaufsvolumen ein als die anderen Teilnehmer, wird die Einkaufsallianz nicht lange funktionieren.
* **Verbindlichkeit**: Die meisten Einkaufsallianzen lösen sich auf, weil einer oder mehrere Teilnehmer seine Daten nicht hat, nicht anpasst oder nicht rechtzeitig liefert.
* **Konsequenz**: Falls ein Lieferant es ablehnt, der Einkaufsallianz ein Angebot zu machen, haben wir von den Teilnehmern verlangt, dass sie bei ihm gemeinschaftlich nicht bestellen. Dies spricht sich im Markt herum und erhöht die Glaubwürdigkeit einer Einkaufsallianz.

Das habe ich schon alles selbst erlebt, denn wir hatten früher eine eigene Einkaufsallianz. So waren mir die meisten Einkaufsallianzen bekannt: regionale, lokale, Branchen-Einkaufsallianzen, aber auch solche, die europaweit aktiv sind. Manche gibt es offiziell, manche nicht.

7

VERHANDLUNGSTRAINING

———

Dieses Buch hat bisher die Komplexität der Verhandlungswelt aufgezeigt, die gekannt und beherrscht werden muss, um auf dem Top-Niveau verhandeln zu können. Nun stellt sich die Frage, wie man das breite Wissen auf den Einkäufer überträgt. Dies passiert in Verhandlungstrainings, die in jedem Unternehmen etabliert werden müssen. In das Trainingskonzept muss die gesamte Verhandlungskompetenz einfließen, über die ein Unternehmen verfügt und es auch zusätzlich braucht, um die Verhandlungsexzellenz zu erlangen. In ein erfolgreiches Verhandlungskonzept fließen alle Inhalte ein, über die ich bisher berichtet habe. Dieses Kapitel über die Verhandlungstrainings ist eine schöne Abrundung dieses Buches.

Wenn ich mehrere CPOs fragen würde, was ein Verhandlungstraining ist und wie diese in Konzernen und mittelständischen Unternehmen eingesetzt und genutzt werden, würde ich viele verschiedene und breit gestreute Antworten erhalten. Das liegt größtenteils daran, dass die Größe des Unternehmens häufig die Wichtigkeit der Trainings und der Talententwicklung innerhalb des Einkaufs definiert. Um die Entwicklung der Mitarbeiter bestmöglich sicherzustellen, muss jedes Unternehmen – egal welcher Unternehmensgröße – ein grundsätzliches Konzept erarbeiten. Im Folgenden gehe ich darauf näher ein.

Die **Bedeutung** der Verhandlungstrainings nimmt immer weiter zu. Dafür gibt es viele Gründe. Häufig wird die hohe Fluktuation in Einkaufsteams genannt, welche Konsequenzen auf zwei Ebenen hat. Auf der einen Seite versucht man, durch attraktive Mitarbeiterentwicklungsprogramme, wo auch Verhandlungstrainings eine große Rolle spielen, Mitarbeiter länger zu halten. Das Ergebnis der Mitarbeiterfluktuation ist jedoch auf der anderen Seite eine junge und unerfahrene Mannschaft, welche häufig schon früh eigene Verhandlungen vorbereiten und führen muss. Das fehlende Wissen und die mangelnde Erfahrung sorgen zwangsläufig für schlechtere Verhandlungsergebnisse.

Das bedeutet, dass mit einem guten Trainingskonzept nicht nur die **Verhandlungskompetenz** erhöht, sondern mit einer **hohen Attraktivität die Anziehungskraft** an die Einkäufer und anschließend die Begeisterung nach den Trainings erreicht werden soll. Daher ist es wichtig, innerhalb der Trainings komplett auf die Bedürfnisse der Trainees einzugehen und deren Erwartungshaltung an Verhandlungstrainings sehr gut zu kennen.

EINKÄUFER-SICHT

In der Trainingskonzepterstellung ist es notwendig, zu verstehen, was der neuen Generation wichtig ist und wie junge, aber auch erfahrene Einkäufer lernen und was sie brauchen. Wir schöpfen aus den Erfahrungen vieler Projekte aus diversen Industrien, Regionen, Kulturen und Unternehmensgrößen. Dabei stechen die folgenden Themen aus der Sicht der Einkäufer immer wieder heraus:

- Die Einkäufer haben Interesse, auf einem professionellen Level transparent zu erfahren, **wo sie stehen**. Dafür benötigen sie Unterstützung bei der Einschätzung eigener Kompetenzen und Fertigkeiten. Erprobte Fragebögen und Impulsumfragen, die den Wissensstand und das individuelle Wachstumspotenzial widerspiegeln, sind das Richtige.

- Die Einkäufer wollen nicht komplett durch die HR gesteuert werden, sondern die Inhalte der Trainings zumindest teilweise **mitbestimmen**. Die Lernenden müssen individuell ihre Schwerpunkte innerhalb des Einkaufs selbst bestimmen können und dadurch auch Trainings modular wählen können.
- Die Einkäufer suchen Spaß beim Lernen und sind **»heiß« auf moderne, kreative und spielerische Formate** z. B. Verhandlungssimulationen, Improvisationstheater, eine Schnitzeljagd, einen Escape Room und erste Erfahrungen mit Virtual Reality sammeln.
- Neben individuellen Schwerpunkten der Entwicklungen der Einkäufer sind die Verhandlungstrainings individuell zugeschnitten auf ihre Problemfelder/-lieferanten. Hier ist es wichtig, auf die individu-

ellen Herausforderungen und aktuell **anstehenden Verhandlungen** einzugehen und diese so individuell in die Verhandlungstrainings zu integrieren, sodass das Gelernte direkt nach dem Training umgesetzt werden kann.

- Die Einkäufer wollen während der Trainings ihr **eigenes Netzwerk nachhaltig erweitern**. Das finden sie in den Community-zentrierten, sozialen Lernelementen wie Peer-(Gruppen-)Coaching. Dort wird ein Umfeld geschaffen, in dem Mitarbeiter voneinander lernen, Unterschiede erkennen und ihre eigenen Fähigkeiten testen können.

VORGESETZTEN-SICHT

Das war die Einkäufer-Sicht. Was ist wichtig für deren Vorgesetzte?

Die **Mitarbeiterzufriedenheit und deren Bindung** an das Unternehmen gewinnen zwar an Bedeutung, aber die absolute Priorität genießt nach wie vor der **kommerzielle Erfolg** bei der Umsetzung.

Jeder Einkaufsleiter weiß: Ein in Verhandlungen solide trainierter Einkäufer erreicht bessere Konditionen und damit mehr EBIT für das Unternehmen. Der finanzielle Erfolg steht in keinem Verhältnis verglichen mit dem **geringen Invest** in die Durchführung der Trainings mit einem externen Trainer oder Teilnahme am internen Training, das z. B. durch eine firmeneigene Procurement Academy angeboten wird. Kurzfristig muss dafür aber nicht nur der finanzielle Invest bereitgestellt werden, sondern eben auch die Kapazität des Einkäufers.

Genauso wie ein standardisierter Verhandlungsansatz, bedarf ein erfolgreiches Verhandlungstrainingskonzept auch ein Top Down Commitment und eine erfolgreiche Kommunikation. Darüber hinaus haben die Vorgesetzten das Bedürfnis, ihre Mitarbeiter zukunftsorientiert zu entwickeln. Wie sieht der Einkauf der Zukunft aus, welche Schritte in der Verhandlungsvorbereitung wird eine künstliche Intelligenz übernehmen und wie kann der Einkäufer sie effizient zum Verhandlungsmanagement nutzen? All das sind entscheidende Fragen, deren Antworten in das Trainingskonzept miteinfließen müssen.

HANDLUNGSBEDARF

Was hindert Einkäufer daran, noch stärker von der Kompetenzübertragung zu profitieren? Dafür gibt es viele Gründe, die ich hier offen darstelle und damit einiges riskiere. Viele Einkäufer ...

- glauben, dass sie die besten Verhandler seien,
- haben wirklich keine Zeit dafür, weil sie überlastet sind,
- hätten die Zeit, aber priorisieren die Verhandlungstrainings herunter, weil sie einfach keine Lust dazu haben und/oder nicht erfahren wollen, dass sie methodisch unterentwickelt sind und/oder den Mehrwert der Weiterentwicklung als gering einstufen,
- sind geschädigt dadurch, dass HR einen Amateur als Verhandlungstrainer verpflichtet hat und dieser schon beim ersten Training den Einkäufer »verloren« hat.

Was muss man tun, um das zu ändern?

Falls man einen Verhandlungstrainer nutzt, um die Mannschaft auf das Top-Niveau zu bringen, muss ein modernes Verhandlungskonzept implementiert werden. Ein Verhandlungstrainer, der auf die stereotypischen veralteten Klassenzimmer-Trainingseinheiten setzt, hat die Entwicklung verschlafen. Wichtig für dich ist, ob ein relevanter Track record vorhanden ist, deine Industrie(n) bekannt, evtl. globale Präsenz gesichert und deine Vorstellung getroffen ist.

ZIELBILD

Zu Beginn der Erarbeitung eines Trainingskonzepts muss das Zielbild klar definiert sein. Wir verfolgen dafür folgende grundsätzliche Fragen:

- Wie **universell** soll das Verhandlungskonzept eingesetzt werden? Ziel ist es meistens, eine Mischung aus universellem Einsatz über Materialgruppen des direkten und indirekten sowie des CAPEX und Projekteinkaufs hinweg zu erzeugen, jedoch trotzdem den Trainees Individualisierungsmöglichkeiten zu bieten.
- Wie **tiefgreifend** sollen methodische Schwerpunkte verankert werden? Grundsätzlich sollten immer alle Verhandlungsmethoden, die in der Einkaufsstrategie festgelegt sind, auch in Trainings Anwendung finden, damit sie von den Teams gelebt werden.
- Wie schaffe ich es, das Verhandlungstraining **anwendbar** zu gestalten? Dafür gibt es sowohl für das Trainingskonzept Ansätze, aber auch für die Standardisierung des Vergabe- und Verhandlungsvorbereitungsprozesses.
- Welche **HR-Prozesse** gibt es, die beachtet werden müssen? Das Synchronisieren mit HR ist bei der Entwicklung von Trainingskonzepten unabdingbar. Egal, ob es um die Integration von verpflichtenden und optionalen Trainings geht oder Beförderungsstufen an das Abschließen von Trainingsreihen, sogenannten Learning Journeys, geknüpft werden wollen.
- Welche **Sonderprogramme** sollen neben den Verhandlungstrainings entworfen werden? Z. B. können Fast-Tracks geschaffen werden, Train-the-Trainer- oder Coach-the-Coaches-Programme mit ins Leben gerufen werden.
- In welchen Ländern und Regionen soll das Trainingsprogramm wie und in welchem Umfang ausgerollt werden? Die Frage ist für das Zielbild nur allgemein zu beantworten und kann in einer späteren Phase ausdetailliert werden.

ZIELGRUPPEN

Nachdem das Zielbild definiert wurde, gilt es, sich die Frage zu stellen: Für welche Zielgruppe(n) wird das Trainingskonzept erstellt? Dafür sollte zu Beginn jeder Ausarbeitung eines Konzepts definiert werden, welche Lernziele in welcher Stufe erreicht werden sollen. Die unterschiedlichen Zielgruppen, welche häufig auch als Persona bezeichnet werden, müssen unterschiedlich betrachtet werden, um sie auf dem Top-Niveau zu trainieren. Das können z. B. **unterschiedliche Funktionen** im Einkauf sein:

- strategische Einkäufer und Commodity Manager, welche die wichtigsten Lieferanten und Verträge verhandeln,
- Allround-Einkäufer, die im gehobenen Mittelstand und bei den KMUs (Kleine Mittelständische Unternehmen) beinahe täglich verhandeln,
- Projekteinkäufer,
- operative Einkäufer, falls sie Verlängerungen, kleine Lieferanten, Problemfälle, Reparaturen verhandeln müssen,
- Facheinkäufer für IT, R&D und Logistik (Air-, Ground- und See-Transporte).

Ein wirksames Trainingskonzept muss methodisch einer klar definierten Logik folgen und auf einer klar definierten Verhandlungsmethode aufsetzen. In diesem Buch ist es das Negotiation Power Concept (NPC), das in Kapitel 3 ausführlich erläutert wurde. Ein konsistentes Konzept berücksichtigt inhaltlich alles, was in den anderen Kapiteln dieses Buches beschrieben wurde, vor allem:

- alle Verhandlungsarten (z. B. Verhandlungsevent) und -formate (z. B. den Lieferantentag)
- den kompletten Ablauf einer Einzelverhandlung (z. B. Unterbrechen)

- alle ergänzende Verhandlungselemente (z. B. Zahlungsziele)
- Verhandlungen mit besonderen Lieferanten (z. B. Monopollieferanten)
- Einsatz der Spieltheorie (z. B. bei großen Vergaben)
- Verhandlungen im Rahmen der »öffentlichen Vergaben« (z. B. die Erläuterung, wann man wie weit gehen kann)

LERNPFADE

Der Kern des Trainingskonzepts sind die einzelnen Lernpfade, die **pro Persona** entwickelt werden. Diese Pfade, oder auch häufig »Learning Journey« genannt, sollen letztendlich alles abdecken, was innerhalb der ersten Phase erarbeitet wurde – also alle einzelnen Lernziele. Die Struktur der Lernpfade muss einem didaktischen Konzept folgen, sodass keine eintönige Frontbeschallung durch zehn verschiedene Vorträge über das Jahr hinweg schon als Learning Journey bezeichnet wird. Es ist also notwendig, dass verschiedene Trainingsformate miteinander kombiniert werden, um die Motivation der Teilnehmer, die Interaktivität und letztendlich der Lernerfolg maximiert werden. Im Folgenden gehe ich noch weiter auf die einzelnen Lern- bzw. Trainingsformate ein.

Die Lernpfade zeigen **zusammenhängende Vertiefungen oder Spezialisierungspfade** an. Z. B. sollte ein Deep dive Monopolverhandlungstraining nicht ohne das notwendige Vorwissen angeboten werden. Darüber hinaus können andere Zusammenhänge sehr gut dargestellt werden, z. B. die Implementierung eines Fast Tracks mit zusätzlichen Soft Skills für talentierte Mitarbeiter. Innerhalb der Auswahl der einzelnen Trainings und ihrer Formate wird gleichzeitig definiert, welche Elemente oder sogar ganze Lernpfade als obligatorisch für alle Mitarbeiter verpflichtend und welche lediglich optional angeboten werden.

Beim Aufsetzen der Lernpfade ist es wichtig, zu verstehen, dass Einkäufer **unterschiedliche Erfahrung und Grundlagen** mitbringen. Es gibt immer Trainings, welche von jedem Einkäufer durchlaufen werden müssen – z. B. spezielle Prozess- und Tooltrainings oder allgemeine methodische Einführungen. Andererseits können Grundlagentrainings von erfahrenen Einkäufern auch übersprungen werden. Für den Rollout muss im Laufe der Konzepterstellung ein eigener Fahrplan strukturiert werden, in dem auch eine fachgerechte Einstufung der Teilnehmer ihren Platz findet.

Das Zusammenspiel aus externer Bewertung und Selbsteinschätzung in den Bereichen fachliches Wissen und praktische Erfahrung ergeben letztendlich den Einstieg des Teilnehmers in die **Learning Journey**. Häufig wird ein solches Konzept abschließend noch mit einem Coach oder Buddy-System unterstützt, um fortlaufend die Entwicklung sicherzustellen, die Teilnehmer durch die Learning Journey zu führen und sie so auf das Top-Niveau zu entwickeln. Das System wird durch administrativen Support, automatischen Erinnerungen etc. begleitet. Dafür ist es wichtig, ein sogenanntes Learning-Management-System zu nutzen. Das überschreitet den Rahmen des Buches an dieser Stelle jedoch.

TRAININGSFORMATE

Verschiedene Trainingsformate helfen uns innerhalb des Trainingskonzepts und der **Learning Journey**, Abwechslung zu schaffen und vor allem ein effektives Training angepasst an das jeweilige Trainingsziel sicherzustellen. Weiter unten findest du die von uns gezielt eingesetzten Trainingsformate.

Alle Trainingsformate habe unterschiedliche Vor- und Nachteile, die ich weiter unten mit erläutere. Es gibt jedoch eine Grundregel, an der wir uns orientieren – ich sage absichtlich »orientieren«, da sie für verschie-

dene Trainingsformate besser und für andere schlechter anwendbar ist. Die sogenannte **70/20/10-Regel** für den didaktischen Aufbau eines Trainings besagt, dass 70 % der Inhalte durch den Arbeitnehmer am Arbeitspatz, also on-the-job erlernt werden.

20 % werden durch (informelle) Interaktion »erlernt« und lediglich 10 % durch Trainings und Schulungen. Damit wir gezielt Inhalte durch Trainings mit einem konsistenten Ansatz, einheitlichen Inhalten und vor allem auf effektive Weise beibringen können, übertragen wir das 70/20/10-Modell auf die Trainings und legen einen sehr großen Wert auf ca. 10–15 % Theorieanteil, welche von weiteren 15–20 % Praxis begleitet werden. Die restlichen **65–75 % sind reine Anwendung**, denn dabei zeigt sich, wie gut die Theorie genutzt werden kann. Auch die Teilnehmer sehen meist erst in der Anwendung, wie gut die angewandte Theorie wirklich funktioniert. Die eingangs von mir beschriebenen

Teilnehmer, die eigentlich ohnehin der Meinung sind, dass sie durch ihre Erfahrung bereits die besten Verhandler seien, erkennen in der Anwendung häufig, dass es noch viele Stellschrauben gibt.

Nun kommen wir zu den angesprochenen Formaten, die wir gezielt einsetzen:

- **Selbststudium** – eigenständiges Erarbeiten mithilfe von vorgefertigten Lerninhalten. Das Selbststudium wird genutzt, um Grundlagen bei den Teilnehmern zu schaffen, meistens sind es theoretische Modelle oder Ansätze, bei denen wenig Rückfragen und Diskussionen erwartet werden. Die Inhalte müssen von den Teilnehmern eigenständig aufgenommen, verstanden und angewendet werden können. Innerhalb der Familie der Selbststudiumsformate gibt es mehrere Ausprägungen:
  - Learning Nuggets – kleine und gut verdauliche »Häppchen«, die sich sehr gut in das Tagesgeschäft der Einkäufer integrieren lassen. Häufig werden sie auch unter dem Begriff »Mikrolearning« gefasst.
  - On-Demand-Videos – vorproduzierte Erklärvideos. Hier lassen sich besonders gut Praxisbeispiele, Verhandlungssituationen etc. aufzeigen.
  - Podcasts – inhaltliche Diskussionen zu einem Spezialgebiet in gut verdaulichen Audioformaten
  - Web-based Trainings – kleine interaktive Online-Formate, bei denen unter anderem auch Entscheidungsbäume mit integriert werden können. Die Sessions lassen sich unterschiedlich gestalten – von 20 Minuten bis 4 Stunden ist alles dabei.

  Meine Einschätzung: Heutzutage ein Must-have für jede Learning Journey, das sehr gut in bestehende Learning-Management-Systeme integriert werden kann.

- **Classroom Training** (häufig auch als »Masterclass« bezeichnet) – ein virtuelles oder lokales Training von einem oder mehreren Tagen, um

ein Thema zu vertiefen. Häufig wird es in Präsenz umgesetzt, da
es pädagogisch wertvoll ist und sehr viele Vorteile mit sich bringt.
Wichtig ist, dass innerhalb des Trainingsformats die Gruppendyna-
mik effektiv genutzt wird, um Inhalte zu vermitteln. Bei Classroom
Trainings in Präsenz darf man die Räume, Ausstattung, Planung
rund um das Training nicht außer Acht lassen. Es gilt, Dynamik zu
erzeugen und Interesse zu wecken – nicht nur durch Inhalte, sondern auch durch die Ausgestaltung.

Meine Einschätzung: Das Format klingt nicht modern, ist aber häufig noch die beste Wahl.

- **Coaching** – individuelle Betreuung von Verhandlungssituationen. Das
  Coaching bietet eine sehr gute Möglichkeit, eigene Verhandlungsvor-
  bereitungen zu sparen und individuelles Feedback dazu zu erhalten.
  Es kann ein Einzel- oder Gruppencoaching mit einem Experten sein
  oder auch ein Peer-Group-Coaching, in dem sich Einkaufskollegen
  untereinander beraten. Das Peer-Group-Coaching muss jedoch sehr
  gut strukturiert und organisiert werden – ohne klare Verantwortlich-
  keiten und ein Monitoring ist es in vielen Fällen wenig erfolgreich.
  Darüber hinaus gibt es noch weitere Formen des Coachings, z. B. Ex-
  perten-Hospitationen, Mentoring und weitere Formate. Peer-Group-
  Coachings haben zusätzlich den Vorteil, dass sie die Teamzusam-
  mengehörigkeit und ein kollegiales Verhalten weiter stärken.

Meine Einschätzung: Sehr wirksam, es sollte unbedingt angeboten
werden. Häufig verknüpft man ein solches Format auch mit sogenannten Quality Gates innerhalb des Verhandlungsmanagements.

- **Job Shadowing** – ein umgekehrtes Coaching, der Teilnehmer schaut
  bei einem erfahrenen Einkäufer bei der Verhandlungsvorbereitung
  über die Schulter und kann häufig auch in den finalen Verhandlungen mit dabei sein. Hierbei ist extrem wichtig, dass der erfahrene
  Einkäufer gut geschult ist und quasi eine Train-the-Trainer-Ausbil-
  dung absolviert hat, um auch die richtigen Strukturen und Anreize
  weitergeben zu können.

Meine Einschätzung: Häufig bereits Bestandteil des Onboarding-Prozesses – es kann darüber hinaus aber auch ein sehr gutes Format innerhalb einer Learning Journey sein.

Um die unterschiedlichen Trainingsformate effektiv einzusetzen, muss man sie richtig kombinieren und das entlang der Anforderungen der Learning Journeys. Um den Wissenstransfer innerhalb der Formate effektiv zu halten, benötigt es verschiedene Trainingselemente, welche didaktisch gut zusammengesetzt werden müssen. Ich habe weiter oben bereits von dem 70/20/10-Modell gesprochen, welches auch hier wieder Anwendung findet.

TRAININGSELEMENTE

Die Trainingselemente als Teil der Trainingsformate sind ein weiterer wichtiger Bestandteil von effektiven Learning Journeys. Zu den aktuell wichtigsten Trainingselementen zählen die folgenden:

- **Assessment** – allgemeine Einschätzungen und Einstufungen, die in verschiedenen Arten eingesetzt werden können. Wir nutzen Assessments sowohl am Anfang als auch am Ende einer Learning Journey und auch innerhalb eines Trainingsformats. Das bedeutet, die Assessments können sowohl als Format als auch als Element innerhalb eines Formats eingesetzt werden. Zu Beginn wird ein Assessment größtenteils dafür verwendet, um einen aktuellen Wissensstand abzufragen, um eine allgemeine Einschätzung der Teilnehmer zu bekommen, oder in Form eines Trainingselements die Teilnehmer über eine Klassifizierung einzustufen. Es gibt viele Assessment-Formen, z. B. Kompetenz-Check, Pulse Surveys, Interviews, Blitzlichter oder auch als Self-Assessment. Ziel ist immer, dass Trainings und Learning Journeys gezielter und individueller umgesetzt werden können.

Meine Einschätzung: Assessments als Elemente eignen sich nicht für alle Trainingsinhalte, bei vielen Verhandlungsmanagementstrainings sind sie sehr hilfreich, um zu individualisieren und das Training an die Teilnehmer anzupassen. Als Format ist es bei Einführungen neuer Learning Journeys und dem Onboarding neuer Mitarbeiter essenziell.

- **Fallstudien** – praxisbezogene Anwendung durch Beispielsituationen. Diese Situationen können fiktiv, also frei erfunden, oder entlang eines abgeschlossenen oder laufenden Beispiels erstellt werden. Die Fallbeispiele werden von den Lernenden in Teams bearbeitet und Lösungen erarbeitet. Das Element hilft, den Praxisbezug für die Teilnehmer herzustellen und die Theorie anzuwenden.

Meine Einschätzung: Teilnehmer schätzen es sehr, wenn wir laufende kundenbezogene Praxisbeispiele in Trainings integrieren. Am besten sogar an eigenen Cases, die für die Teilnehmer gerade auf der Agenda stehen.

- **Simulationen** – eine Trockenübung für Teilnehmer, auch Dry run genannt oder in etwas anderer Form als Improvisationstheater durchgeführt. Die Verhandlung wird entlang der definierten Agenda von den Teams eigenständig vorbereitet und dann auch durchgeführt. Dabei werden kritische Situationen und Schwachpunkte analysiert und die erarbeiteten Lösungsszenarien (z. B. die Verhandlungsgegenstände, Teamzusammensetzung, Verhandlungsstrategie und viele weitere) im Gesamtteilnehmerkreis diskutiert und erörtert. Das Format bietet sich nicht für kurze Trainings an, sondern ist sehr zeitaufwendig, hat aber auch einen sehr hohen Mehrwert für die Teilnehmer.

Meine Einschätzung: Hier ist die Praxiserfahrung der Trainer entscheidend, um hilfreiche Tipps und Entwicklungspotenziale zu identifizieren und zu erklären. Meiner Meinung nach ist das sehr wertvoll, weil sich das Training auf die wichtigsten Themen und die Schwachstellen der Teilnehmer konzentriert.

- **Gamifizierung** – mit interaktiven Elementen, wie Escape Room, Schnitzeljagd, Virtual-Reality-Erlebnis, virtuellen Räumen, werden spielerisch Trainingsinhalte in einer entspannten Atmosphäre vermittelt. Diese können auch als ganzheitliches Training, also als Trainingsformat, eingesetzt werden.

  Meine Einschätzung: Ein aufwendiges, aber modernes Format/Element. Zeitgleich lässt es sich aber auch in klassischen Classroom Trainings einsetzen. Die Interaktivität ist für die Teilnehmer ein entscheidender Faktor.

- **Rollenspiele** – die Einkäufer spielen unterschiedliche Rollen und lernen dabei, schwierige Situationen zu meistern und die Angst vor einer herausfordernden Verhandlung zu minimieren. In Abgrenzung zur Simulation beziehen sich Rollenspiele nicht nur auf Fallbeispiele und Verhandlungssituationen. Die Möglichkeit, interaktiv verschiedene Verhandlungstechniken auszuprobieren, Feedback zu erhalten und Kommunikations- und Problemlösungsfähigkeiten zu verbessern durch den Austausch mit einem Experten, ist für Teilnehmer extrem hilfreich.

  Meine Einschätzung: Einkäufer können in allen Rollen als Verhandler, Klienten oder Beobachter agieren und ihre Verhandlungsfähigkeiten in einer kontrollierten und teilweise auch abstrakten Umgebung erproben.

- **Videobasiertes Feedback** – Verhandlungen werden per Videokamera aufgezeichnet und im Nachgang detailliert analysiert. Der Vorteil ist, dass man die Verhandlungsumsetzung im Detail analysieren kann und dem Teilnehmer Aktionen und tatsächliche Reaktionen und Auswirkungen spiegeln kann. Intensiv genutzt wird das Trainingselement z. B. für die Prüfung von Body Language, Kommunikation etc. Es bietet die Möglichkeit, sich selbst in Verhandlungssituationen zu sehen, zu analysieren, eigene Leistungen zu überprüfen, Stärken und Schwächen zu erkennen und Verbesserungsmöglichkeiten zu identifizieren. Durch die Aufzeichnung und Analyse von Verhandlungssitzungen können die Teilnehmer ihre Fähigkeiten gezielt verbessern und ihre Leistung steigern.

Meine Einschätzung: Ein sehr wirksames Element, unbedingt anbieten. Der Coach kann sowohl externer als auch interner »Herkunft« sein.

BEISPIELE DER PRAGMATISCHEN INTEGRATION VON TRAININGS IN EBIT-ORIENTIERTE PROGRAMME

Das Wichtigste ist der initiale Schritt der Bedarfskonkretisierung. Hier entscheidet sich, wie der Scope definiert wird. Folgende Konstrukte lassen sich clustern. Der Umfang definiert den Aufwand und kann von minimalen, effektiven Ansätzen bis hin zu vollumfänglichen Optimierungsprojekten einer Procurement Academy gehen.

- **»Stand alone«**-Training als einfache Ergänzung zum bestehenden Trainingskonzept aufsetzen:
  - Umsetzung: Als 0,5- bis 2-tägige Vor-Ort-Veranstaltungen oder virtuell, dann kompakter mit einer kürzeren Länge.
  - Vorteil: wenig Aufwand und kurze Zeit zwischen der Idee und der Realisierung
  - Nachteil: Risiko einer einmaligen Durchführung
- **Integriert in ein Kostensenkungsprojekt:**
  - Umsetzung: Beim Kick-off oder innerhalb des Projekts (jedes gute Beratungsprojekt sollte mit mindestens einem Training »angereichert« werden).
  - Vorteil: ein maximaler Übertragungserfolg mit einem hohen EBIT-Beitrag
  - Nachteil: Es wird nur den Personen angeboten, die in das Projekt eingebunden sind.

- **Komplette Überarbeitung der internen Procurement Academy:**
  - Umsetzung: Die Verhandlungstrainings sind in diesem Fall Teil eines breiteren Trainingsportfolios, welches innerhalb des Projekts entwickelt wird.
  - Vorteil: meistens ein höherer Anspruch an die Qualität und regelmäßige Qualitätsprüfung und -sicherung
  - Nachteil: Der zeitliche Aufwand ist hoch, sodass Trainings erst nach einer gewissen Analyse- und Optimierungsphase der Procurement Academy gelauncht werden können.
- Im Rahmen des **Aufbaus eines Center of Competence/Center of Excellence:**
  - Umsetzung: Die Trainings finden im Alltag der Einkäufer statt, z. B. die Einkäufer lernen – sorgfältig gecoacht – den Einsatz der Spieltheorie im Rahmen der echten Vergaben.
  - Vorteil: ein maximaler Übertragungserfolg mit einem hohen EBIT-Beitrag
  - Nachteil: Zugang zum Wissensaufbau nur für wenige Personen
- **Train-the-Trainer** Konzeptentwicklung:
  - Umsetzung: Ausgewählte Einkäufer werden trainiert, um andere Personen zu trainieren.
  - Vorteil: günstiges und nachhaltiges Konzept
  - Nachteil: externe Erfahrungen (Beispiele, Best-Practice-Lösungen etc.) fehlen.
- **Coach-the-Coaches** Konzeptentwicklung:
  - Umsetzung: Führungskräfte und ausgewählte Experten lernen das Coaching, um die Einkäufer im Vorbereitungsprozess der Verhandlung – insbesondere bei der Konzeptentwicklung – zu coachen.
  - Vorteil: günstiges und nachhaltiges Konzept, bei dem die existierende Organisation »das Rad« ist
  - Nachteil: kompliziert und noch wenig verbreitet

Die meisten Konstrukte lassen sich sehr gut kombinieren, sodass Synergieeffekte gehoben werden können und der interne Aufwand gering wird.

TRAININGSEVALUATION

Um eine effektive und nachhaltige Trainingslösung aufzubauen, ist die Trainingsevaluation von besonderer Bedeutung. Es müssen unterschiedliche Ebenen evaluiert und Anpassungen der Learning Journeys, der Trainingsformate, der Trainingselemente und der Trainingsinhalte vorgenommen werden, um eine wiederkehrende Verbesserung der Lernlösung zu erzielen. Nach jedem Training werden auf der ersten Ebene die direkte Wahrnehmung und die Verbesserungspotenziale der Teilnehmer geprüft und aufgenommen.

Mittelfristig werden daraufhin die Kompetenzweiterentwicklung und die Anwendbarkeit im täglichen Job geprüft. Als Letztes widmen man

sich der Entwicklung einkaufsbezogener KPIs, wie z. B. Verhandlungserfolge in Form von Einsparungen o. a., Anzahl der Verhandlungen etc. Wichtig in der letzten Stufe der Evaluation ist, dass wir den Einfluss von anderen Faktoren erkennen und herauskristallisieren, um Anpassungen gezielt vornehmen zu können.

Um eine effektive Evaluation aufzusetzen, benötigt es ein gezieltes Konzept, welches innerhalb der internen Academy aufgesetzt werden muss.

Viel Erfolg auf dem Weg zum Top-Niveau der Verhandlungsexzellenz!

8

STIMMEN DER TOP-CPOs

Ich danke allen CPOs, die ich nach dem Feedback gefragt habe und die mir ihre geschätzte Sicht auf meine Person geschickt haben. Ich habe mich für die chronologische Reihenfolge entschieden, d.h. wie lange wir uns kennen.

Dr. Klaus Staubitzer (Siemens – CPO)

Jacek Drozak ist ein Top-Experte im Bereich Einkauf und Supply Chain. Als einer der am besten vernetzten Einkaufsberater Deutschlands ist er bekannt für seine Leidenschaft und Faszination für den Einkauf. Sein Ziel ist es, in jedem Kundenprojekt Einkaufsexzellenz und den größtmöglichen Value für seine Kunden zu erreichen. Insgesamt ist Jacek Drozak eine bedeutende Persönlichkeit im Bereich Einkaufsberatung und hat durch seine Arbeit und Expertise einen nachhaltigen Einfluss auf die Branche.

Daniel Helmig Daniel Helmig (Ford, PepsiCo, ABB und Infineon – ehem. CPO, CSCO, Ops & Quality Head)

Jacek Drozak ist ein Vollblut-Einkaufsprofi, einer der besten Fachleute, die ich in meinen 38 Jahren in fünf Industrien, kennenlernen durfte.

Über die Jahre war es häufig Jacek und sein Team, die wir riefen, um die Kompetenz der Organisation zu steigern, oder Lösungen zu komplexen Problemen zu finden.

Und über die Jahre sind wir uns verbunden geblieben – aus Respekt füreinander und aus Liebe zu unserer Profession.

Jan Grothe (Deutsche Bahn – CPO)

Emphatisch, klug beobachtend und analysierend, im ersten Moment vielleicht sogar unterschätzt. Strategisch und methodisch erfahren und fundiert mit Gespür für den richtigen Move. Hart in der (Verhandlungs-)Sache, aber nie unter der Gürtellinie. Nachhaltige Ergebnisse, die sich jederzeit sehen lassen können. Am Ende der Beginn einer langfristigen Beziehung.

Thomas Schulte (BOSCH – Head Governance Supply Chain Management Purchasing)

In mehr als 20 Jahren haben sich unsere Wege häufig gekreuzt. Ob als Berater und CPO Community Manager: Mich haben Dein Fachwissen, konzeptionelle Stärke, fundierte Analysen, Vision und Einsatz immer inspiriert.

Olaf Komitsch (EnBW – CPO)

Jacek steht über all die Jahre der Zusammenarbeit für innovative Methoden im Einkauf. Wer mit Jacek gearbeitet hat, wird von der Energie und Passion angesteckt.

Ich schätze die Zusammenarbeit über die Jahre sehr, weil er 100 %

Procurement lebt und in unterschiedlichsten Facetten vorlebt. Ich darf freundschaftlich hinter die Geschäftsbeziehung mit Jacek schauen und finde auch hier den authentischen, passionierten und pragmatischen Gestalter. Wer die Arbeit von Jacek auf Spieltheorie reduziert, hat nicht die Breite seines Schaffens erfasst. Jacek hat die Theorie in Spiel›theorie‹ in die Praxis gebracht.

Hanno Höhn (MANN+HUMMEL – CPO)

Jacek ist für mein Team und mich stets mehr als ein nur ein Berater. Mit ihm haben wir die Verhandlungskompetenz bei MANN+HUMMEL in Methodik und Umsetzung immer weiterentwickelt und verbessert. Wir schätzen seine Expertise, Kreativität, Leidenschaft in der Sache, aber auch Besonnenheit in kritischen Situationen. Gemeinsam haben wir erfolgreich große Verhandlungen auf der ganzen Welt konzipiert und durchgeführt – vertrauensvoll und partnerschaftlich für alle Parteien.

Vor allem sind Jacek und sein Team auch immer für uns da, wenn es dringend ist ... wir schätzen das sehr. Danke Dir und weiter so.

Robert Ohmayer (VOITH – CPO)

Ich kenne Jacek seit vielen Jahren und er ist für mich zu einem sehr geschätzten Ratgeber in allen Einkaufsfragen geworden. Insbesondere gefällt mir sein Pragmatismus und die Umsetzungsorientierung. Gestartet hat unsere Zusammenarbeit mit Lieferantentagen. Das Konzept hat sich bei uns im Einkauf etabliert und MPS (Maker, Pusher, Supporter) Rollen leben wir in allen größeren Verhandlungen.

Dietmar Dresp (ALCOA, Arconic und Siemens Gamesa – ehem. CPO)

Ich hatte einige sehr relevante Projekte mit der hervorragenden Unterstützung von Drozak Consulting sehr erfolgreich durchführen können. Der Erfolg basierte auch vor allem darauf, dass Jacek Drozak in vielen Workshops nicht nur selber aktiv dabei war, was für einen Unternehmenseigentümer ja nicht unbedingt selbstverständlich ist, sondern dass er derjenige war, der eben nicht nur die für Consultants typische Prozessoptimierungen oder sonstige »Standardverbesserungen« einfließen ließ, sondern permanent das Team aufforderte, nach neuen, teils auch extrem disruptiven, Lösungsansätzen zu suchen. Die beste Standardlösung, die viele, auch große Consulting Companies als Benchmark bezeichneten, war für Jacek Drozak immer nur der lapidare Ausgangspunkt für die eigentlichen Challenges. Seine glasklaren und stets korrekten Analysen, immer kurz und knapp auf den Punkt gebracht, komplementiert mit seiner extrem hohen Kreativität ermöglichten es den Teams, über neue Richtungen nachzudenken, die dann erst zum wirklich grandiosen Erfolg führten.

Christian Holzer (thyssenkrupp und Siemens Energy – ehem. CPO)

Jacek und ich teilen die gleiche Leidenschaft für den Einkauf. Ich schätze an ihm seine strategische Weitsicht, Analytik und Systematik sowie seine Fokussierung als Berater auf klare Themen, die er sehr gut beherrscht. Die von ihm begleitete Vorbereitung und Durchführung der Lieferantentage mit spieltheoretischen Ansätzen bewirkten stets große Aha-Effekte bei den Einkaufsmitarbeitenden in meinen Organisationen. Sie erkannten dadurch, was man in Verhandlungen bewirken kann, wenn man mehr über die Lieferanten weiß als die Lieferanten über sich selbst. Besonders wertvoll für mich sind auch die intensiven Gespräche über neue Grundsatzthemen und strategische Weiterentwicklung der Einkaufsfunktion zur Schaffung von maximalem Mehrwert für die Unternehmen.

Bruno Krempper (ABB Smart Buildings – CPO)

Jacek Drozak hat sein eigenes Beratungsunternehmen gegründet, es zu einem beeindruckenden Erfolg geführt und schließlich an PwC verkauft. Seine herausragende Energie und nahezu grenzenlose mentale und physische Kraft hat er der Exzellenz im Einkauf gewidmet. Mit seiner Methodik, geprägt von Disziplin und Perfektion in der Ausführung, erinnert er in vielen Aspekten an einen japanischen Zen-Meister. Er denkt und handelt stets aktiv im besten Interesse seiner Kunden und zeigt oft mindestens so viel Engagement und Hingabe wie die Einkaufs-profis, die er berät.

Bernd Weckenmann (ErlingKlinger – Senior Vice President Supply Management)

Jacek Drozak ist für mich ein Einkaufs- und Verhandlungs-Profi, der dieses Klavier auf allen Tasten spielt. Über die vielen Jahre hatte ich das Glück, ihn in unterschiedlichen Projekten zu erleben. Sei es bei Ein-kaufsallianzen, Verhandlungs-Auktionen oder Spieltheorien in Vorbe-reitung auf Verhandlungen. Jacek ist ein kreativer Geist, der mit seinen Gedanken meist schon ein Schritt weiter ist und dadurch bestmögliche Ergebnisse erzielt. Mit seiner offenen menschlichen Art zieht er nicht nur Menschen an, sondern hat die Gabe, sie perfekt zu vernetzen.

Michael Pradel (Hapag-Lloyd – CPO)

Auf Jaceks Expertise kann man bauen! Ich bin jetzt seit 2 Jahren für den globalen Einkauf bei Hapag-Lloyd verantwortlich und muss sagen, dass wir im Rahmen der Transformation unserer Einkaufsorganisation wirk-lich wahnsinnig von Jaceks Erfahrung und Expertise profitiert haben. Jacek und sein Team haben uns maßgeblich dabei unterstützt, neue Methoden und Ansätze zu lernen und diese auch in unser tägliches Tun zu integrieren. Darüber hinaus war auch der persönliche Austausch im-mer extrem wertschätzend und hilfreich. Unsere Gespräche haben mir geholfen, viele neue Impulse mitzunehmen und im Aufbau der Orga-nisation zu berücksichtigen. Eine wirklich exzellente Zusammenarbeit, die mir fachlich wie auch menschlich viel gegeben hat und die ich wirk-lich nur wärmstens all denjenigen ans Herz legen kann, die rund um die Themen Einkauf und Verhandlungsstrategien Rat suchen!

Dr. Ines Ploss (Heidelberg Materials – CPO)

Herrn Dr. Jacek Drozak kenne ich als herausragenden Einkaufsstrategen. Sein beeindruckendes und langjähriges Know-how, seine Innovationsfähigkeit und sein Engagement demonstrieren höchste Kompetenz im Einkauf und im Streben nach gemeinsamen, messbaren Erfolgen in jedem Projekt.

Uwe Wehnes (CRH – CPO) & Dirk Stucken (CRH – Head of Global Category Management)

Wir kennen Jacek nun schon viele Jahre und haben an verschiedenen Themen und in unterschiedlichen Firmen und Industrien mit ihm zusammengearbeitet. Der fachliche Austausch war zu jeder Zeit inspirierend und führte zum gewünschten Erfolg.

Lediglich beim Thema Fußball konnten wir uns nicht auf einen gemeinsamen Nenner (Verein) verständigen ☺. In diesem Bereich überstieg Jaceks Leidensfähigkeit doch unsere Möglichkeiten.

Klaus Blachnik (OMV – CPO)

Es war mir immer eine große Freude, mit Dir zusammenzuarbeiten. Deine Kreativität und Beharrlichkeit gepaart mit Ziel- und Umsetzungsorientierung war immer sehr zielführend.

Insbesondere neue Ansätze bei komplexen Verhandlungen waren und sind beeindruckend.Und natürlich auch die immer wieder gerne geführten persönlichen Gespräche sind mir gut in Erinnerung.

Timo Köchel (LAPP – CPO)

Jacek Drozak ist ein renommierter Einkaufs- und Verhandlungsexperte, der mit seinen praxisorientierten Ansätzen und innovativen Strategien bereits zahlreiche Unternehmen zum Erfolg geführt hat. Ich kenne Jacek bereits seit vielen Jahren und habe persönlich von seinem umfassenden Wissen und seiner langjährigen Erfahrung profitiert. Durch seine guten Impulse im 1:1, beim gemeinsamen Austausch mit anderen CPOs und der Zusammenarbeit in Projekten hat er nicht nur meine Arbeit, sondern auch die vieler Firmen bereichert. Jaceks Talent, komplexe Verhandlungssituationen zu meistern, und sein tiefes Verständnis für die menschliche Psychologie machen ihn zu einem wertvollen Partner. Mit seiner Unterstützung können Unternehmen ihre Ziele effektiver erreichen und ihre Wettbewerbsfähigkeit langfristig steigern.

Dirk Müschen (IGEFA – CPO)

Jacek ist ein anerkannter Einkaufs-Stratege und Verhandlungs-Experte. Für mich ist er ein geschätzter Wegbegleiter, der mir in meiner langjährigen CPO-Zeit immer wieder mit Rat und Tat zur Seite steht.

Ich freue mich, lieber Jacek, dass Du mit diesem Buch Einblicke in Deinen breiten Wissens- und Methoden- Fundus gibst.

André Snoeijer (STEAG/Iqony – CPO)

Jacek Drozak ist ein absoluter Experte auf dem Gebiet des Einkaufs. Seine sympathische und präzise Art, komplexe Einkaufssachverhalte zu simplifizieren und pragmatisch anzugehen, macht ihn zu einem herausragenden Fachmann auf diesem Gebiet. Als leidenschaftlicher Einkaufsexperte mit mehreren Jahren Erfahrung ist er krisenerprobt und lösungsorientiert.

Seine hohen ethischen und moralischen Standards sowie sein starkes Gefühl für unternehmerische Verantwortung prägen seine Arbeitsweise. Er ist nicht nur bodenständig und empathisch, sondern auch ein wunderbarer Sparringspartner. Seine Fähigkeit, sich in andere einzufühlen und sie zu unterstützen, macht ihn zu einem einzigartigen Einkaufskollegen.

Während unserer Zusammenarbeit hatte ich die Ehre, viel von ihm zu lernen. Seine Hingabe und sein Engagement für seine Arbeit sind inspirierend und haben einen bleibenden Eindruck bei mir hinterlassen. Jacek Drozak ist zweifellos ein herausragender Profi und eine Bereicherung für jeden, der das Glück hat, mit ihm zusammenzuarbeiten.

ABKÜRZUNGSVERZEICHNIS

BATNA	Best Alternative To a Negotiated Agreement
CAPEX	capital expenditures
CEO	Chief Executive Officer
CFO	Chief Financial Officer
COO	Chief Operating Officer
CPO	Chief Procurement Officer
DI	Degree of Implementation
DIO	Days Inventory Outstanding
DPO	Days Payable Outstanding
DSO	Days Sales Outstanding
EOM	End of Month
EOAP	End of Accumulation Period
ERP	Enterprise Resource Planning
GF	Geschäftsführung/Geschäftsführer
HG	Härtegrad(e)
HR	Human Resources
ISO	International Organization for Standardization
IT	Informationstechnologie
k	Tausend, z. B. 250 k€ = 250.000 €
KMU	Kleine Mittelständische Unternehmen
KPI	key performance indicator
LDO	Least Desirable Outcome
LME	London Metal Exchange
MDO	Most Desirable Outcome
MPU	Macher-Pusher-Unterstützer
MRO	Maintenance, Repair and Operations
NPC	Negotiation Power Concept
OEM	Original Equipment Manufacturer

Q&A	Questions & Answers
RfI	Request for Information
RfP	Request for Proposal
RfQ	Request for Quotation
R&D	Research & Development
SCF	Supply Chain Financing
SLA	Service Level Agreement
SPM	Strategisches Partnermanagement
SWOT	Strengths, Weaknesses, Opportunities, Threats
TCO	Total Cost of Ownership
UL	Underwriters Laboratories
VPI	Verbraucherpreisindex

STICHWORTVERZEICHNIS